태양의 외눈

강시현 시인은 1965년 경북 선산에서 태어나 경북대 정외과를 졸업했다. 2015년 계간 리토피아로 등단했다.

이메일 made333@hanmail.net

리토피아포에지 · 38
태양의 외눈

인쇄 2015. 11. 15 발행 2015. 11. 20
지은이 강시현 펴낸이 정기옥
펴낸곳 리토피아
출판등록 2006. 6. 15. 제2006-12호
주소 402-814 인천 남구 경인로 77(숭의3동 120-1)
전화 032-883-5356 전송032-891-5356
홈페이지 www.litopia21.com 전자우편 litopia@hanmail.net

ISBN-978-89-6412-056-9 03810

값 10,000원

이 도서의 국립중앙도서관 출판예정도서목록(CIP)은 서지정보유통지원시스템 홈페이지(http://seoji.nl.go.kr)와 국가자료공동목록시스템(http://www.nl.go.kr/kolisnet)에서 이용하실 수 있습니다.(CIP제어번호: CIP2015030401)

강시현 시집

태양의 외눈

리토피아
LITERATURE & UTOPIA

시인의 말

하루하루는 간절함이 펴올린
다다르지 못함과 나아가지 못함이다.
벽시계는 가려움을 증폭시킨다.

비틀거린 날들의 몸부림이 낱말마다 뒤척였기를…….
순간의 삶들이 조각조각 거짓의 파편이 아니었기를…….

2015년 가을
강시현

차례

제1부 판타지 없는 세월의 주름

제2부 빈 문자文字

제3부 낙동강洛東江

제4부 하나의 생멸

제5부 결단

| 제1부 |

판타지 없는 세월의 주름

나는 나

비를 긋고도
태양을 말할 수 없는 것은
어둠에 대한 나의 매달림!
어둠의 처연한 속도速度
어둠은 튼튼한 아침에 갇혀 있다

언어를 버리면 말에서 자유다
너를 버리면 그대로부터 자유다
왜 우리는 타인의 감정을 반복해서 울먹이려 하는가
그대는 그대,
나는 나,
내 속에 그대도, 언어도, 나도, 없다

어떤 배우의 연기

납빛 여우털 같은 하늘이 내려앉던 날

파르스름히 머리 깎고
파리한 전全 생生 젊어지고
대사 속으로 엉금엉금 기어들어가 보지만
존재와 의식의 불일치

뱃가죽엔 힘이 없고
무대가 질식시켜버린 달셋방의 사상思想

자본의 논리 앞에 불어터진 라면발 앞에서
나의 연기 주식株式은 연일 하종가

밧줄을 매는 실제연기에 들어갔다
마지막으로 먹혔다

이상理想은 그렇게 겨우 정리되었다

판타지 없는 세월의 주름

불 꺼진 판타지의 방문을 삐걱거리는 기다림으로 열어요
길었던 하루는 세금고지서 위로 휙 지나갔어요
불치의 종양보다 깊은 후안무치한 이익의 무게가
박애의 분장을 하고 TV 뉴스 속에서 뛰쳐나와요
앙상한 내 가슴으로 허락도 없이 막 들어와요
오늘도 하얀 막대기 같은 목숨들 많이들 속이고 많이들 죽어요
부족한 사랑은 말랑말랑한 보석으로 완치돼요
그 와중에 허약한 내 시간들은 불안한 임금에 조종돼요
어떤 기준인지 동의할 수 없지만 책장에 몇 권의 위인전기가
어둠 속에서 날 보고 히죽히죽 웃어요
그렇게 사는 게 아니라고,
중동中東에서만 전쟁이 나고 사람이 죽는 게 아니었어요
쪼들림과 살면서 돈을 셀 줄 몰라요
차라리 가면을 사서 써야 해요
대들어보니 만만치 않아요, 각자 신神을 불러서 면담이나 해볼까요

그럴 때마다 주름이 생겨요

짐승보다 오래 살다보면 역한 냄새가 나고 추해진대요
원하는 것들은 무엇이건 흔적도 없이 날아가 버려요
소중한 것들은 무엇이나 단명해요
바늘귀도 어둡고 잔글씨도 미간을 찌푸려야 하는 날이 오지요
아침에 다짐한 말을 숯검댕이처럼 잊었다가
일을 그르치고 난 다음에도 아지랑이같이 가물가물한 날이 오지요

혈육이라도 영영 떠나는 날이 되어서야
영원의 신화조차 금이 간 밥주발이었단 걸 알게 되지요
옷을 정갈히 장만해 다림질하고 나서는 날이 다반사일까요
넥타이를 풀어요
가족은 따뜻하기만 하고
친구의 맹세는 믿어도 되는 걸까요
지진이 땅위에 올려놓은 사람의 집들을 흔들어 허물 듯
세월은 삶에 세워놓은 지붕을 예고 없이 날려버려요
이제 떠나요, 즐거운 여행이 아닐지라도,
햇살이 사라지고 꽃잎이 잠깐의 화려함 뒤로 숨듯

당신도 나도 세월의 무한한 병풍 속으로 숨어버려요

세상의 허방다리에 빠지고 빠져도 여기까지 애닯게 걸어왔으니

이제 팔폭 병풍 뒤 서늘한 곳에 누워 껄껄껄 세상웃음 소리나 들어보아요

음력 오월 초하루

콩이파리도 배를 뒤집는다
아침부터 동창東窓에 햇살 따갑더니
버찌는 가문 흙 바닥에 검붉은 피 쏟아내고,
일거리 없는 병약한 사내들 가르마 타고
세상의 혈관으로 흐르려
약속 없이 문밖을 나선다

7자로 꼬부라진 벽촌 노인 오일장 보고
버스 기다리는 사이
두어 대 타기도 전에 지난 세월처럼 휘잉 가버린다
잡지도 못한 버스
애원을 뿌리치는 차가운 손처럼 디젤 연기만 시커멓게 싸질러 놓고

안방 벽 액자에 이태를 소식조차 없는 아들이 걸려서
하얀 이 드러내며 웃고,
일소牛 만한 근심이 쪼그라든 어깨에 출렁인다

〉

술 취한 마른 바람, 가슴팍에 젊은 날 서툰 애인처럼 끈적대고

생담배가 바들거리며 때 낀 안경 속으로 타들어간다

오래된 사랑

달콤한 눈물이 어깨선을 타고 내리는
파리지앵의 음악에 젖어
이국의 푸른 눈동자와 익명이 보장된 거리를 걸으며
사랑에 푹 젖을 너의 그리운 샹송
연분홍 목도리를 따라오며
바람에 암호처럼 눈꽃이 날리는 단단한 거리에
코뮤니스트의 밀서 같은 빠알간 루즈 자국을 번지며
콩코드광장의 조형물로 멈춰선
나비무늬 부츠의 샹송가수를 생각한다

단두대의 검붉은 옷감으로 떠다니는 사랑의 낙엽들
앙시앙 레짐의 파편 위로 혁명의 피로한 냄새가 강물을 적시고,
다만 졸린 눈으로 들른 타관 사람들은 시큰둥하게 역을 떠나고
오래된 사랑은 화려한 문명의 입김 아래 술 취해 잠들고
오래된 노래도 지쳐 잠든다

〉

오래된 사랑은 온갖 불면과 키스와 비정非情의 거리를 남긴 채
자본資本의 교과서를 옆구리에 끼고
순수와 현실의 경사진 어귀에서 원금과 이자의 그네를 탄다
유럽의 흐려진 날은 저물고 식민으로 배를 채운 황금사원에 바람이 불면
이 거리에도 죽은 에디뜨 피아프가 홀연 되살아나
코맹맹이 소리를 하며
지중해성 애무와 키스가 그리운 겨울의 상송을 불러댈 것이다

시간과 시계

하루를 먹어치우는 침들이
분주하게 교차하는 걸 봤습니다
싸구려시계는 명품시계보다 늦게 간다는 소문을 들은 후로
마른 버짐처럼 비늘이 떨어지는 내 시계의 세 바늘을 의심하기 시작했습니다
각자의 시간은 시계의 숫자만큼이나 제멋대로
하루 종일 서툰 걸음을 걷습니다
과연 어느 시계가 맞을까요

우리는 각자 다른 시계를 지니고
섣부른 약속을 하고,
늙은 여배우가 분장을 지우듯 밤마다
모든 그림자의 시궁창으로 흘러들며 옷가지를 하나씩 벗어 던졌습니다
그것이 유일하게 마음을 보여줄 증거였으니까요
순간의 지친 주름들이 목화木花꽃 이파리처럼 겨울 앞에서 떨고 있을 때

마지막 구호의 손길을 내밀었던 것도 시간의 잎사귀였지요

그대의 시간을 보여 주시겠습니까
가졌었지만 누리지 못했던 것들과
누리고 싶었지만 빼앗겼던 순간의 정지된 화면을
억울한 울음처럼 뱉으면서 싸구려 시간 앞에서
싸구려 인생을 돌려주긴 싫었다는 걸 한번만 보여 주시겠습니까
아리따운 머리를 바쳐야 신神의 노여움을 누그러뜨릴 수 있다 믿었던 광기의 시간과
믿음 따위나 순정보다 값진 우리들의 공통된 음모陰謀가 그려진 화폐의 시간과
우리는 각기 다른 시계를 지니고 어디서 시원하게 한번
모월 모일 모시 정각에 만나 회포라도 풀 수 있을까요
내가 고장 낸 시계와 잃어버린 시계에 내 고귀한 시간들이 한데 묶여
저 어둑한 우주 속으로 풍장이나 되었다 풀려날 수 있을까요

과거와 현재와의 속삭임이 차려진 둥근 식탁에서
불투명한 그대와의 약속이나
불안한 미래나

불결한 시간, 그 혼숙混宿의 이불에 덮여
과연 울먹일 사연이나 남아 있을까요, 째깍, 째깍,

풀리지 않는 두 팔로 우주의 구획이나 나누고 있습니다

밥그릇 · 1

인생에 대단한 것이 기다리고 있을 줄 알았지만
밥그릇 하나를 넘지 못하지요

꽃, 피고지고
시간이 눈송이마다 아롱아롱 얼어붙었지요

낮달은 밝은 바람에 밀려 흔들리고
밤별이야 어둑한 천정에 박혀
남겨진 바람소리 밥그릇 속에 모아 눈여겨 듣고 있지요

살고 또 살아도 살아있음의 위대한 증거
꽁꽁 언 낱알들이 겨울 속에서 꿈틀대고 있지요

손톱

자고 나면 귀신처럼 자라난 손톱이 있었네
죽어서도 당분간 길어진다는 손톱의 유전자가
단심재판의 판결문같이 암호로 해독될 때,
속살이 도난당해 껍질만 남은 낱말이 유일한 웅변이었을 때,
어두운 신비로 감싸진 것이었네

하늘에서 빗소리를 내며 떨어지는 곳으로
슬픔의 단어들을 찾아 헤매었으나
세상의 아픔을 방어하기엔 너무 나약한 너의 무기,
해체만이 살길이다

허공의 혈관을 건져내기 위해
발톱이 거세된 직립보행의 삶은
탕진의 숲으로 걸어가고 있었네

앞발의 슬픔 위로 쏟아지던 별들
손톱으로 긁어보았네

죽어서 저 빈 곳의 별이 된다는 위로의 말들
손톱에 낀 때라고 믿었네

뼈가 죽은 음악은
아무도 건져보지 못한 어둠 위에 검은 건반으로 내리고,
육지 끝보다 더 단단한 낭떠러지를 잡고
통행금지된 기억은 손톱으로 자라 울먹였네
매니큐어에 봉인된 범죄의 흔적 뒤로 오늘도 손톱이 자랐네

범어泛魚네거리

길 잃은 약속들이 갈라지는
고단한 차량들의 점령지를
무장해제 당한 몸뚱이들이 진입한다
편의점의 '어서오세요'와
법원검찰청 건너 법을 사고파는 눈초리의 헛인사와
아라모드 인테리어 개인병원의 '반갑습니다'를 뒤로 하고

아침 고봉밥과 함께 삼킨 미로迷路,
산 자들의 약속을 지켜주려 연인들은 퇴폐적으로 이별한다
각진 마음을 빼다 박은 네모난 보도블럭을 밟으면
봄마다 뿌려진 과대망상증 파종 굉음과
가을마다 추수해야 할 재산 증식의 기쁨,
목적지향적 발걸음들 어디에나 익명으로 나부끼고 있다

대구고등법원이 대형전광판 맥주잔 거품 속으로 일렁이고
다급한 네온사인의 꼬드김에 펄떡거리던 범어네거리
수로水路를 잃은 물고기가 되어 빨려 들어가는 행렬들,

곧 잊혀질 뉴스 속으로 달린다

범어네거리에선 인간적 괴로움이 없다
바코드에 찍히는 건 상품과 가격만이 아니다
과속방지용 카메라는 환히 웃는 얼굴만 겨냥하지는 않는다
한때는 짐승들의 안온한 터전이었을 이곳을
박제된 아스팔트도 진작부터 알고 있었을 것이다

상처의 변주

새벽길 걸어 낮은 목조교실에 앉으면
국정교과서 도덕책을 두툼하게 뚫고 절여지던
근육질 장아찌 국물
급할 때마다 벗겨지던 삼천리 자전거 체인의
검은 윤기 그리스grease 기름
가뭄에 떨어져나간 암갈색 갈증 학교 수도꼭지

긴 밤 지나 정월 동틀 때
코까지 젖어 배던 암소의 뻑뻑한 눈물 그리고 되새김질
산줄기 위로 녹물처럼 노을 일렁일 때
장마로 불어난 냇물을 허우적대던 겁먹은 수박과 스티로폼
골방 구석
오랜 소설책 속에 매장된 스무 살 연애편지
아직도 날 사랑한다던 고물 같이 뒤엉킨 싸구려 맹세들

선택 받지 못한 품삯의 파편들
호명이 끝난 뒤 발차하던 새벽인력시장 트럭

떠밀리듯 당도한 이른 귀가의 오르막길,
때로는 쏟아진 막걸리보다 더 취하여 끈적이던 내림 마장조 그 냄새

상처는 수인번호가 매겨진 종교의 우둔한 믿음,
기도하지 마라
알레르기성 콧물을 팽 풀어낼 때
눈알은 포크레인이 강타한 웅덩이처럼 파헤쳐져
영혼까지 풀어져 나와서는 금속성 악보를 널어놓고 있다

동북아 독도법東北亞讀圖法

여행이 지천이어서
다롄은 목포 앞바다 선창가를 휘파람 불며 흉겨이 떠났다

랴오허강江은 서해변을 북으로 감돌고
인천 쯤 해서는 서쪽으로 휘이 눕는다
하얼빈은 함흥을 힘차게 안고 있다
쑹화강은 동해안을 측량하고
강江 발원지 부산은 백두에 훌쩍 뛰어올라 앉았다

그렇지 않고서야 만주벌에 두 강江을
하늘이 살뜰히 풀어놓았을 리가 없다

동북공정에 중화인의 자화상이 불안히 거처하고,
강물은 푸르게 넘쳐
부여,고구려,발해 내 조상들의 뼈와 눈물이 섞여 흐른다
도쿄와 오사카의 지친 밤별들을 생각한다
오키나와에도 홋카이도에도 검은 무언가가 있다

〉

낙동강 한강이 급히 수술대에 올라 손을 잡으려고
원치 않던 성형수술을 받았다
사람들은 마시던 술잔을 깨버렸다
고결한 양심들은 지도를 펴놓고 쩌렁쩌렁 고함을 질렀다

상엿집

신전 기둥도 없이 결핍의 시간이 모여
휘잉 휭 바람의 집 되고,
팔만대장경 장경판전 염원보다 아린 날들 새겨져
죽은 나무 숨결 파인 가슴 되고,

아까시 뿌리로 감발하고
웅달 녘 부리부리한 장승 눈 되고,
자귀나무 꽃 흔들어 구름의 간이역 되고,
끊임없는 배설로
차안을 피안으로 토해내는 변기통 되고,

펄떡이는 피 세상으로 열었던 탯줄 통로가
거대한 자궁에서 미답의 바다 되고,
흙에서 누린 시절이 창백한 길에서
영원의 숨소리 되고,

마른 가지는 인욕의 시간을 가르며 흔들리고

산새는 긴 울음 흘리며 지는 꽃잎 사이로 날던 곳

추억이 있던 사람들 짐 챙길 새도 없이
하나둘씩 상두꾼 따라 모두가 이사 가던 곳

상추

엄나무 이파리 사이로 하늘은 연일 쨍쨍합니다
경운기 소리 산등성이 타고 내려오고요
담장 밑이 환합니다
논밭일 놓으신 어매 아배
달래주려 성큼성큼 흙담 밑 텃밭에서 자랍니다
입맛 잃고 이도 빠진 울 아배 어매
잘 드시고 복된 꿈 꾸시라고
혀로도 능히 씹히는 화사한 성찬을 차려야지요
잠 설치신 늙은 어매 아배 잘도 주무시라고
빼곡히 웃자란 연녹색 이불 밥상에다 펴드려야지요
질옹기에 석삼년 익은 쌈장이면 그만이지요
된장에 고추장에 참기름에 윤기가 흘러요
앞마당 한 켠엔 싱그런 설렘 가득 있어요
연둣빛 주름 감고 옹기종기 텃밭 채우는 춤사위도 볼만하지요
쑥갓도, 열무도, 어린 배추도, 동무해서 자랍니다
담장에 기댄 앵두, 여린 가지에서 한껏 붉습니다

처마 밑 그늘 턱 괴고 앉아서,

흰나비에 꼬마벌도 연신 날았다 앉았다 정신 없습니다

벚나무 꽃잎이 날리는 거리

미술책을 보다가
바른 쪽 창가에 쏟아져 흐르는 봄나비 떼를 보았지
바람의 노래는 들어봤지만
바람의 향기는 처음 맡아 보았어
바람의 냄새를 처음 만나본 순간
나는 오래된 하얀 얼굴을 생각해 냈지
바람의 길 따라 발길 정한 꽃잎들은
아기새 부리보다 연한 잎들을 출산한 뒤로
하늘길 따라 내 창가에 마지막 인사를 고하려 했던 거지

하필이면 그 때
장 오귀스트 도미니크 앵그르의 그랑 오달리스크를
뚫어지게 바라보던 그 때
벚나무 꽃잎이 나비 떼로 비상飛翔의 군무群舞를 보이며
그랑 오달리스크의 부드러운 손과 발의 감촉을 느끼던 그 때
작별인사를 하는 거지
둔감한 그랑 오달리스크의 엉덩이보다 더 매끈한

척추 줄기 따라 피어난 무심한 얼굴은
오스만 투르크의 비밀결사

꽃잎 날리는 거리는 하도 애달파서
첫사랑 희미한 얼굴이나 떠올리게 되고
햇살의 따스한 총격에
봄의 전사들이 하늘로 영혼을 날려 보내는 거지
떠난 자의 애절한 손짓처럼 허공을 젓던 하얀 나비의 날개들

때론 나비처럼 벚나무 꽃잎이 흩날리는 거리에서

새벽 청소부

당신의 삶이
거친 사내 혓바닥에서 내뱉어진 가래침처럼
새벽 뒷골목에 뒹굴어도
단 한 번도 안개 낀 하늘을 마다하지 않았으니

쓸어라 쓸어버려라
대홍수로 삼켜버리진 못할지라도

가을 내리는 새벽거리에
떨어진 잎도 먹다 버린 빵 조각도
쓴맛만 남은 사람살이의 마지막 증거로
구토한 찌꺼기로 널브러져 있을지라도

쓸어라 쓸어버려라
이것저것 같이 섞여 버려지고 사라질
존대 받지 못하는 실존實存의 가벼운 무게들이여
〉

어둠이 고양이처럼 낮게 몰래 들이칠 때면
룸살롱 네온사인은 안동의 짙은 안개로 자라고
과음에 전 늙은 여자의 노출은 지나친 욕정을 불러
세상에 흔한 머리 좋은 자여
너는 어느 곳에 버려질 쓰레기더냐

안동댐에 갇힌 죄수의 물이여
언제 네 뜻대로 한번 거세게 흘러
비겁한 안개의 허울을 벗을 작정이냐

때때로 구별이 안돼요

밥을 먹으며
똥 생각을 하면
확실히 밥맛이 없어요

사랑하는 사람이
하도 신기한 걸 좋아한다기에
똥으로 밥을 해 먹였습니다
간이 안 맞다고 투덜대기에
풋고추에 똥을 발라 주었습니다
너무 외롭다기에
똥묻은 입술로
애잔히 키스해 주었습니다
개똥에 철학이 꽃피는 날
소똥으로 약을 달여먹는 날
인분으로 당신 낯을 씻어드리겠습니다
자꾸 신기한 것만 찾는 사람은
숟가락으로 똥을 떠서

한입 먹여보면 됩니다
그래서 나에게 물어 보았습니다
난 어떤 인생을 원하는지,
똥밥을 두 공기나
먹어야 했습니다
씨앗을 땅에 심으면 싹을 틔우는데
음식을 입에 심었더니 똥을 틔우고
낱말을 입술에 심었더니
비겁한 변명이 되었습니다
굽신거리며 담배 한 대 빌려달라던 남자는
공중화장실 문을 열더군요
신분이 확인되지 않은 똥무덤에서
황금이 익어가고 정말이지
똥과 된장은 때때로 구별이 안돼요

비 갠 뒤

산 너머
늙은 기차소리 길게 지난다
먼 산
성큼 다가와 한결 검푸르다
산 아래
옹기종기 사람의 집들 더 커졌다
남새밭 청명한 바람 종다리 날개에 묻었다
하늘땅 숨구멍 모두 열렸다
모든 것 저토록 연하고 당당하다
토닥토닥, 불끈불끈, 살아내야겠다

애매曖昧함

애매함은

애국과
매국의

두 갈래 길에서
생기는 것이었구나

공짜라면 양잿물도 벌컥인다는데
매국은 얻는 게 많아서
부모형제도 팔고
친구도 팔고
이웃도 팔고
나라도 팔아
혼魂이 없는 거상巨商이 되는 것이었구나

노동

땅 위의 집들을 위해
땀의 층고層高를 보탰지만

팔이 바람에 날리고 다리가 풀어지게
굶어보지 않은 자가
배고픔의 그림자를
낱말의 유배지 밖에서 어떻게 찾아낼 것인가

피로한 물고기 가뭄의 절벽에서 떨고
밤이 깊자 가녀린 새들
푸른 구름 위에 뿌리 내리던
꽃잎을 털어냈다

| 제2부 |

빈 문자文字

돌 속에 난 길

돌 속에 길이 있음을 알고부터
나의 길은 절척거렸습니다
나의 겨울은 돌 속에 난 길을 걸어보는 것입니다

깨진 꽃잎과
한 자락 바람보다 가벼운 애증의 지층 사이를
너무도 오래 걸어왔기 때문입니다

일상의 순환궤도를 바삐 흐르다가
돌 속에 난 길을 보았고
마침내는 쓸쓸함의 길이 사뭇 편해져
장승처럼 하나의 불변不變하는 표정에 이르고 말았기 때문
입니다

밤낚시

옻칠보다 검은 밤
산등성이를 왔다 갔다
배고픈 초승달이
온밤을 낚시질

금빛 달미늘이 시원찮은지
고래만한 산山 입이 달을 연신 물었다 놨다
물었다 놨다

찌가 산을 놓쳤는지
산이 찌를 놓쳤는지
이윽고,
밤 강江에 첨벙 뛰어들더니
낙동강 모래알보다 많은 새끼를 낳고

또 연거푸 낚시질,
밤이슬 맞으며

몇 억겁을 산山 한 마리 낚지 못해
저러고 있는지

유월 선산행善山行

여든 둘 되신 아버지 숨이 가빠 농사일을 놓으셨습니다
쇠가 삭은 경운기 마당 한 켠에서 황토빛으로 졸고
하늘색 페인트 빛바랜 대문가엔 가냘픈 가지마다 앵두 붉
습니다

어머니 아기처럼 걸음이 서투시고
감나무 베 낸 자리 상추와 쑥갓 뭉클하게 자랍니다
아버지 근래 들어 말벗을 좋아하십니다

매일 들어도 똑같은 얘기
근 육십년을 나눴을 똑같은 추억
그래도 어버이 서로 정답습니다

이따금씩 누군가 세상 등졌다는 소리가
늙은 바람 타고 낡은 대문으로 들고,
아끼는 습관이 오롯이 남아서
이십년 된 냉장고 음식은 버리는 게 더 많습니다

〉

눈발만큼 하얀 머리칼
불 꺼진 형광등 아래 잠이 드시고
텔레비전 소리는 대문 밖까지 쩌렁쩌렁 들립니다
평생을 이래저래 바쁘셨습니다
호적등본 손에 쥔 대가로 힘이 드셨습니다
밤새 안녕하셔야 할 단 하나의 어버이와 그 일생 환하십니다

환상이 사라지다

거미집 모양 잘게 금 간 유리창 너머
푸르던 세포 마르고

깨진 마네킹에 걸려 유행이 넘어진 표정 밖으로
실로 평화의 낯선 모습
웃음의 불안한 본질

우람하게 좇던 것이 겨우
쓸쓸히 쓰러진 낮과 밤이 서툴게 꿰맨
두 겹 옷자락이었으니

별들도 일을 나서기 전에
풀잎이 부러지는 기척을 들었고
나는 사랑을 쓰다가 검붉게 죽었다

소리의 가능성을 관觀하여

육중한 침묵의 귀 물어뜯고 담장 투명히 통과하는 소리
북국北國 산맥의 벽 뚫고 다가오는 소리
그 소리 찾다 그 자리 가부좌 틀고 가슴에 움트는 소리
겨울나무 속 아린 결마다 책장 넘기는 소리
바위의 심장 인격忍激 둥글게 다스리는 소리
회화나무 우듬지 불잉걸 싹트는 소리
태반 중심에서 한 두멍 소멸의 물 길어 올리는 소리
바깥과 바깥을 서로 엮어 결핍의 밥주발 찢는 소리
광대무변 하늘 꼬리별, 첩첩疊疊한 적막의 목책 넘는
한 가닥 빛 소리

허영을 도와드립니다

도와드립니다
소리장도笑裏藏刀의 웃음은 사라지고 칼끝만 남은,
신축빌딩에 빼곡히 입주한 네온사인의 간판들
길을 밝히려 하기보다 당신의 주머니를 겨누는 최신식 총구,
원전元典을 넘어서는 활자들의 추태
지친 지적 허영심을 보따리로 싸매고 와도
지혜의 발끝 하나 핥을 수 없는 거친 타액唾液들

흙을 덮고 달리는 콘크리트의 점령군 위로 내리는
질주의 흔적 가득한 진군가의 눈물들
흔히 주먹 속에서 사랑이 부글부글 끓고
생물학적 노화老化를 지나 이승에서의 야전野戰이 흘린
주름살의 주민등록번호
발버둥쳤지만 헛살았군

부디, 도와 드립니다
그대가 머무는 곳은 어디

카펫 깔린 사무실, 떠나려는 대합실, 정거장, 간이역
매음굴 치마 속, 아니면 철창의 너른 바다 거기가 거기
누구도 알아볼 수 없도록
짙은 분장粉粧을 도와 드립니다
우리는 가끔씩 죽어서야
허영의 도움으로부터 탈주하므로

반복해서 죽는 저녁

부모의 삶을 베껴쓰며 사는 것은 비난 받는가
숨고르기가 여간 텁텁치 않던 차에
강폭이 좁아진 데로 나갔네
금물결에 해가 잘게 부서지며 산자락에 일렁거렸네
죽음은 일상이어서
멀리서 조용히 화장을 했다는 소식을 풍문으로 듣고
흰빛이 나던 그의 턱수염을 오래 생각했네
원망 없이 쓸쓸한 일생은 권장할 만한 것인가
꽃에 파묻힌 사진 앞에서 절할 바에야
객지에서 보낸 그와의 짧은 옛일을 더듬었네
이상한 전염병이 돌고 애꿎은 짐승들이 묻히고
억울한 일생들이 방송이며 활자의 아가리로 먹물처럼 쏟아졌네
밭고랑에 흙먼지가 일고 논바닥이 마른 번개처럼 쩍쩍 갈라졌네
불도저가 연기를 내뿜고 트럭들이 줄지어 웅성거렸네
너도 나도 목숨 바치겠다는 또 무슨 선거철이 가까운지

이렇게 애국자가 많은 곳에서 불과 수십년 전에
나라와 이웃을 팔아넘기려는 훌륭한 상인들이
똥간의 구데기처럼 득실거렸다는 소문이 파다했네
이래저래 피가 섞이다보면 너나 할 것 없이
서로를 불편히 존중하게 될 날이
올지도 모른다는 절망이 저녁 속에서 무성했네

밥그릇 · 2

머리를 감고 털다보면
흰머리가 더 많아졌다
주름살에 걸려 넘어지는 머리카락도 있다
몰래 묘자리를 보러 산에 오르는 것도 혼자가 편해졌다

기다림보다 가슴이 먼저 먹먹해지는 밥그릇
때론 귀한 밥상도 되었다가
어떤 때는 큰 병 날 것 같은 절절함

아무나 차버릴 수 있는 개밥그릇
강물이 저렇게 넘실거리며 흐르는데
흘러흘러 끝간 데 없을 곳까지 가는데
가슴엔 이토록 험한 가뭄만 쨍쨍하다
날이 갈수록 유순함으로 갇히고 길들여져

밥그릇 속에 갇힌 유형流刑의 세월
죽을 때까지 닫힌 시간을 퍼올려야 하는 고단한 펌핑

두레박은 금가고 두멍엔 구멍이 생겼는데도
개밥그릇은 바람의 길 따라 마당을 쏘다닌다

불안한 가을

한자락 바람이 이마에 불꽃을 이고 달려들었다
난산의 흔적 같은 허름한 머리칼을 이고
빈약한 지상의 웃음은 하늘로 날고,
하늘은 한 오백년 삭힌 심사心事들의 고열로 앓는 거처를 떠났다
하늘의 높이는 구름만 알아
우듬지 흔드는 불쾌는 언제나 낯선 바람
검은 새는 허공의 불안한 높이를 흔들었다

젊은 가수는 푸르게 나뭇가지에 걸려서 죽고
정지된 표정으로 곡절曲折만 앙상히 남아
이국異國의 지평선은 쓸쓸해서 둥글고
가을의 토실한 눈알도 가진 것 상관없이 그저 둥글고
굴리고 굴려도 순환의 그 궤도 안,
확인되지 않은 약속만 탈색된 낙엽 속에 갇혀 아무데나 휙휙 흩날렸다
〉

오색바람은 가을을 거둬가려는지 흰 밤부터 검은 낮까지
뒤섞여 놀았다
멜랑콜리를 낳은 국경의 노을 붉은 테라스엔
무산된 혁명의 사금파리들이
피 적신 미이라로 붕대에 친친 감겨져
부러진 시간의 완치를 기다리고 있었다
어둠에 저며진 물살 차갑고 숲마저 하나씩 목숨을 지웠지만

가을은 무례한 옷을 걸치고
오래전 사라진 역병으로 되살아나 꾸역꾸역
요절한 봄의 시간을 채워갔다

비늘 속의 여자

속속들이 연둣빛 햇살 떠다니더니
삼월 중순인데 눈발 몇 날 안간힘을 쓰며 날린다
병아리 혀 같은 풀들이 땅의 뱃가죽을 뚫고
겨울의 어미를 죽이며 생명을 얻는다
제대로 얼었던 강,
데워진 물결 사이로 어린 물고기들 떼지어 다니며
살점을 키우고, 비늘의 창고에 유전된 흐린 슬픔도 키웠다
햇살에 밀린 낡은 그림자, 비늘 하나가 툭, 떨어져 나왔다
선생은 나보다 키가 훨씬 컸고
종례를 하고도 밀린 공납금 얘기를 했다
왜 고개를 숙여야만 했는지,
밥상을 밀쳐놓고 엄마는 흙 묻은 어깨를 들썩였고
아버지는 검은 공기 위로 방이 뿌옇게 담배를 피워댔고
어째서 밤의 살결이 둔한 가락으로 물고기 입으로 뛰어들었는지,
시간의 비늘 속에 엉켜진 암호가 해독을 기다리고 있었다
죽기 전에는 뭍으로 나올 일이 별반 없는 비늘이
벚꽃잎처럼 무성히 자라 은물결에 주름치마처럼 나풀거리고,

두꺼운 외투차림의 여학생들은 스스로의 자궁을 키우며
치어마냥 온종일 들뜨고 즐겁다 비늘 속의 여자여
내게도 오래 전부터 비늘의 자궁이 비밀리에 자랐고
시린 강물처럼 얼룩지고 탁한 냇물 무던히 받아준 여자여
내 자궁에는 결혼반지 같은 비늘이 자리를 틀고 앉아
보름달 보고 한번 씩 울먹이며 아기를 지웠고
기억의 탯줄에 젯밥이야 풀어 주었지만
배를 뒤집기 전에는 생명 있던 비늘의 무게,
한 겨울 보료 같은 두꺼운 이마를 털어내면
무의미한 생존에 걸었던 시간들에 낯을 가리고,
눈발 같은 귀밑머리 몰래몰래 어둠 속에 물들이는 여자여
우리가 지내온 날들에도 시간의 비늘이 촘촘히 자랐구나
창녕 오일장의 붕어나 미꾸라지 내장에도
복통이 있고, 순한 개처럼 나는 누구라도 핥는다
비린내는 비늘의 오래된 암각화,
정중한 江, 물결은 비늘을 타고 지느르미 휙휙 내지른다
민망하게 꼬리는 아무에게나 친절하다
비늘에는 푸른 물의 행방이 묘연하고, 검붉은 기억이 소문으로 파다하고,
액기스나 탕이나 몇 천원의 결제로 비늘의 암호는 해독될 것인가

빈 문자文字

바람 한 줄기 겨울 어깨 밀치며 대청마루로 들어서지요
2월의 한 중간에 겨울비가 내리지요
낮은 가지에 싹이 자라지요
슬퍼하지 않지요
저 따뜻한 꽃잎도
때가 되면 어둡게 허물어져 내리는 것을

고백을 받아주던 곱디고운 머릿결도 시간에 표백되지요
다만 묶여있던 나를 풀어주나요

때가 되면 사랑도 있고
때가 되면 사랑도 없는 것

서럽던 그 이별조차 찬비에 출렁이고
언어의 다발에 묶여 해묵은 감정만 쓸쓸하고
어디 단 한 번의 느낌마저도 영원한 것 있나요
표정을 버무려 만든 남방식 문자도 꽃잎처럼 떨어져 삭아

버리지요

그저 광대무변의 저 허무 속을 알뜰히 걸어가는 것이지요
전인미답의 길 언저리도 가보지 못한 채
한 생애 떨어지더라도 슬퍼하지 않지요
걸었던 길도 지워지고
슬픈 사연 들어줄 동무 없더라도
미래로 가는 길에서 눈물 훔치며 애닯아하지 않지요
헐리고 닳아서 남겨질 것 없이 우리 사이 텅 비어 버렸지요

사월

꽃들이 목숨을 버려서 거리는 어두웠지

주인 있는 땅과 모두가 주인인 허공 사이로
빈 주머니 같은 세월이 던져지고
알 수 없는 이름과 더욱 가려진 마음과 어둠의 손톱이
땅을 긁으며 새하얗게 떠다녔지

원한을 갚지 못해 철썩이는 파도처럼 연신 바람이 덮쳐와
어둠을 키워내고
나는 영원히 경계의 바깥에서 창백한 얼굴로 시간을 저울질했지

집나온 개처럼 흘끔거리며 살아온 나이가 저물고
머리 감을 때 머리칼이 뭉텅뭉텅 하수구에 떠밀려 가던 즈음,
오월로 가는 터널에서 굳어버린 목덜미를 컥컥거리게 만드는 이유를

꽃들은 흔들리다 떨어지면서도
끝내 비밀을 누설하지 않았지

각자의 삶을 찾아서
그래서 더욱 비릿한 오늘을 껴안고, 내일을 안고 간다
사월엔 모든 물상이 주춤거린다
여자의 몸에서는 사월의 살냄새가 나고
어찌해서 반복의 덫을 깨뜨리지 않는가

사루비아

녹슨 철대문 곁으로 낮게 피어
기쁘게 해줄 이
사람이 아니고 사루비아

유난히 꽃을 좋아하시던 당신
고르고 골라서 뿌렸을 꽃씨

희미한 등불 처마 끝에 흔들리던 밤
좁은 화단에 별꽃을 심으셨겠지요
푸른 잎 사이로 봄바람 지고
발그레한 꽃잎은 높으신 당신 여름 입술 같았지요

땡볕에서 해마다 거두신 첫눈 같은 참깨꽃에
어여쁜 붉은 마음 시침질하여 입히신 듯

장독대 햇살에 흔들리며 피고 또 지며
한 생을 다 모아야 보이던 꽃수건

황국이 오기 전까지,
사루비아 질 때마다 엄마 가슴도 또 흔들렸겠지요
당신은 끝내 꽃이름 무엇인지 상관 않았지요

운문산雲門山

구름으로 지은 큰 문門 있다 하여
산山으로 바삐 들었더니,
물 부딪는 골 따라 십리 지나 걸었더니,

바람결에 꼭대기 가까워졌는데
산목山木들 서로 껴안는 소리
벽공碧空에 차곡히 쌓여,
성큼, 내게도 꽃답던 때로 돌아가집니다

이 산山에 들면,
청묵靑墨 먹인 목화솜으로 짠 하늘 덮고 선잠에라도 들면,
켜켜이 때 묻은 사람도
하늘빛 물빨래되어,

굳이 이 산山 찾지 않아도
구름문門 들어설 수 있다는 것입니까

귀가

다행이구나 어깨보다 굽은 길이여
반갑구나 능청스런 어둠아
해묵은 들판 따라 한나절 길,
두려움으로 만나는 낯익은 풍경아

밤이 진 자리에 꼬리 물고
잘 있었느냐 삽살개야
온유함을 버린 문간의 바람자락아

그대로인 주소住所 번지番地여 안녕하신가
크고 작은 신발이여 어딘들 잘 다녀왔는가
네 벌 밥그릇이여
밥상이여 잘 버텨왔는가
폐를 적시는 눈에 익은 먼지여
고맙구나 무릎까지 빠지는 흐린 불빛이여
속절없이 밤이 번지는 소리여
높은 원망을 버린 그림자들이여
나, 부서질 것이 부서지지 않고 돌아, 돌아왔구나

하얀 나비

어디로 가시는가 훨훨
낯선 곳만을 찾아서,
산들바람 덤불 속으로 햇빛 속으로
바람을 딛고 걸으며
전생 아니면 내생 왕래라도 하는 것인가

가녀린 바람의 창고
스스로 펄럭이지 않으면
지나던 바람이 길을 펴
깃발보다 흰 날개

날개는 심장을 어느 어둠 속 촛불로 켜는가
코발트빛 하늘 졸음처럼 흰 구름 흐르고
늙은 아버지 연두빛 물결치는 남새 가꾸시던
접성산接聖山으로 둘러 둘러
나는 어린 나비가 되어
옛 동무와 인사하고

연고동색 고양이 꼬리에도
온갖 지상의 은혜 부드러이 흘러 넘쳐라

향긋한 날갯짓
두근거리던 속도速度
대지大地의 주름 펴져 날아가는 그리운 입술
시들지 않은 꽃만 사랑하는 미운 고도高度

내일도, 내년에도, 내생에도
경계 없이 통치 없이, 이별 없이
주인 없이, 언어言語마저 없이
새하얗게 사는 탈색된 마음

인연

한 그루 장엄한 은행나무 잎을 다 떨궈내려고
처마 밑에서 먼저 우는 바람
팔다리같이 몸에 붙어다니는 전쟁의 광기
총검의 냄새는 금속에서 나오는 것이 아니라
상냥한 미소에서 자라고
의도를 읽지 못한 웃음은 비수일 뿐,

존엄은 원래 없고
나를 기른 야만의 교육이 얕은 물을 건너도
바닥의 흙과 모래는 분노처럼 일어나는 것을

모든 가을은 어리석은 겨울의 입김에도 죽어버리고
얼음장으로 등을 쓸어내리는 낯선 바람들
하루는 산마루 넘는 바쁜 구름의 심장
일생은 검은 구름에서 마지막 빗줄기를 뿌리고
바람과 구름
우리는 어디에 머물렀던가

〉

너 없이도 살아가야지
푸르던 잔디 창백하게 색을 털어내도
아무 일 없단 듯 안개 자욱한 샛길도 걸어야지
조락凋落이 주는 선물 쯤이야 이제 고맙게 받들어야지
상처가 묻힐 곳 오직 내 가슴 뿐
나는 그 곳에서 다시 삶을 꾸려가야지
내 흔적, 인연의 끈에서 놓여날 수 있도록

예감

여물처럼 씹어 삼킨 밥이 풀 냄새로 피어날 때마다 그랬다
술을 마시고 해 저문 골목길을 들어올리며
가난한 처자식이 사는 집을 적장처럼 들이닥칠 때도 그랬다

슬퍼서 슬퍼한 적 없고
울고 싶어 울어본 적 없던 뒤엉킨 감정
삼팔광땡 같은 신기루만 가득 어른거렸다

예의 없이 키운 자식이 아라모드로 채비를 하고
연애질 갈 때도
문간의 오래된 먼지덩이는 싸구려 향수냄새에 푸석거렸다

어제 죽은 강물이 헛손질 하며 마른 갈대숲에서 흔들렸다
바람이 마중나와 강물에 부서져 웅성거리고
현실의 삶에서 패전한 경험이 있는 사람들만
대낮의 강변을 마스크 끼고 걸었다

〉

힘을 거세당한 사람들은 외로움을 독립이라 여겼다
적의 과녁을 안개 속에 잃은 싸움꾼들은
가까운 데 손에 잡히는 모든 것을 죽이려했다

이미 죽은 자를 보내는 곳에서
절 두 번으로 간단히 이승의 관계를 장부정리하고
돼지수육 기름진 식감이 소주잔에 번들거렸다
안될 것은 안되고
될 것조차 안되는 부푼 가슴에 봄바람이 살랑거렸다
아버지 폐렴은 늙은 소꼬리처럼
헛바람만 쌕쌕 쏟아내며 애처로이 공기만 쫓아낼 뿐이었다

이젠 어떻게든 떠나야 하는 그대에게,
아직은 산 자에게 할 말이 없어
더는 해줄 말이 없어
객쩍은 웃음만 냉수그릇에 빠진 파리처럼 파닥거렸다

음모陰謀

복면을 하고
자세를 낮추고
발소리를 죽이고
내 잠자리를 노리고 비수가 내려온다

봄은 음모다
새싹도 음모다
무성한 소문,
기대, 희망,
이런 것들을 한꺼번에 키워내
단꿈을 덮치는 것이다

발은 언제나 땅의 아킬레스건을 딛고 있다
밤은 언제나 폭포 같은 어둠을 두려워한다

봄은 시간을 엉망으로 흐르게 한다
감당이 안되는 명백한 음모다

| 제3부 |

낙동강洛東江

비

바람이 하늘을 지우고
꽃잎을 차례로 흔들고
장독 위에도
낯선 길에도 내렸다
긴 장마조차
오직 한번이라도
마른 마음 적시지 못하니
그대를 잃고
격렬한 어둠에 밤이 젖어도
쫓기는 가난의 정체
하루하루가 노랗게 야위어간다

빨간 밥그릇

높은 나무엔 열매 많지만
그만한 위험 도사리고,
낮은 풀들 여름 가기 전에 모두 짓밟혀
흐린 하늘에 권력을 주었다
살아남는 게 문제가 되었다

나쁘다
욕하면서 그 밥 먹는 것
썩은 피 한 그릇 연약한 혈관에 흘려보내는 일
먹고 비우는 밥그릇은 알고 있다
싹싹 핥아도 배꼽처럼 비겁이 남는다

땅엔 뼈가 묻혀 하늘이 웃자라고
그 자리에 풀이 엎드려 때로 수수한 꽃 피웠다
허기 닥칠 때마다 노을 무수히 길어
밥그릇 한가득 빨간 희망 쏟아 놓았다

낙동강洛東江

태백과 소백의 준령 터벅터벅 걸어
내성천 감천 배불리 먹고
급한 언덕 오르는지 뱀비늘로 엉금엉금 기어
소금바람 내음 가까운 김해로 몸을 숨긴다
얼마나 고단했으랴
네 몸에 온전히 기대어
나라 여럿 목련으로 성급히 피었다 후두둑 지고
마을 여럿 삼키고 댐으로 둑으로 몸통 묶어도
비늘 하나에 한 시대씩 기억의 창고 닫으며
천만 년 사행蛇行은 멀고 길더라

어떤 공화국

인상은 검열 받을 것이다
온종일 변화시킨 얼굴 근육과 체형
걸음걸이가 포착되고
국가기밀문서로 분류될 것이다

약국과 식당에 들른 일
강변을 걸은 일
하수구에 침을 뱉은 것도 공화국은 알고 있을 것이다
심지어 십수년 전 술 취해 비틀대고
꽥꽥 소리지르며 신고산타령 부른 일도
기억엔 사라졌지만
공화국의 문서고엔 이미 기록되어
가사의 불온성을 추적했을 것이다

추적의 힘!
폐쇄회로텔레비전이 눈깔을 뒤집고
인간을 사냥하고 있다

생각까지도 포획되어 해체를 기다리고 있다
공원 벤치에 앉아 높이 매달린 카메라와
떨며 얘기하고 있다
사원출입증 같은 존재가 되어
공화국 영토 안을 떠돌고 있다
육체는 해부되고 영혼은 분열되어
오일장 갈치로 토막이 나고 끝내는
공화국의 냄비에 양념되어 요리될 것이다

죄목罪目

세상 모든 아리땁던
엄마 가슴이 처지게 된 것은
자주 그 가슴을
철렁 내려앉게 했기 때문이다
세상 모든 아버지
어깨가 굽게 된 것은
자주 당신이 감당할 수 없는 무게로
짓눌렸기 때문이다
마지막에
부모는 모든 것 내주고
굽은 어깨와 처진 가슴을
자식에게 얻는다
자식은 부모의 소상한 죄목이어서
더 처지고 더 무겁다

존엄한 밥그릇

두려움을 꺾고 남은 것을 모두 걸었을 때
다른 하늘이 열리고
처음 보는 새가 날았다

처참히 무너질 것을 알면서도
전부를 걸고 싸우겠다는 결단이 있었을 때
몸서리치는 외로움이
전신과 일생을 훑고 밤을 관통해 지나갔다

늘 관찰되고 있었지만
스스로의 위엄을 버리지 않았고
뒤를 돌아보지 않겠다는 각오가
핏발선 눈에 붉게 물들어 있었다

자존自尊은 버려지지 않았고
세상의 웃음을 밀치고 지켜졌다
나를 팔지 않았음을 시대의 뼈에 새겨놓았다

나를 버렸을 때 진정한 내가 되었다

감히 한밤의 쓰린 이별을 말하다

땅 위의 시간은 흐르고
지하의 시간은 어둡게 눕는다

시간의 모래 위에 새겨진
아리고 쓰린 상처가 빈 가슴을 채웠다
붉은 바람 모래언덕을 쓸고 지나간 뒤
세상의 모든 손톱이 아픈 곳을 긁었다

죽음은 이별보다 더 자주 있고
관棺 앞의 무질서한 향내는
봉투 속 지폐에 오롯이 지장指章처럼 남는다

내가 알던 모든 사내와 계집들은 그렇게
분향焚香 속에서 춤추게 될 것이다
따뜻한 물속 한 종지 찻잎만큼도 우러나지 못한 인생들

무수한 계획과 다다르지 못한 목표들을

뼛가루 속에 남겨두고
넋은 퇴행성 근육질환의 다리가 되어
이리도 무수한 길들을 흐느적거리며 아프게 거닐 것이다

겨울 홰나무

그 즈음 동구 밖을 서성이던 나는
자동차 트렁크에 숨겨둔 전깃줄을 꺼내
바둥거리는 가을의 목을 졸라 죽여버렸지

그래 이제 새벽은 오지 않을 거야

낮은 체온으로라도 모질게 살아보자고
그 숱한 시간을 흔들렸었지
몸집 크기만큼이나 땅속을 혈관으로 떠도는
깊은 뿌리의 야심을 알 수 있을까
한밤처럼 어둑하게 뚫린 가슴속을 알 수 있을까

나이테를 잃고 내장이 드러난 홰나무여
모든 태어남과 사라짐을 목도目睹한 까닭으로
시멘트를 비벼 상처를 메운 성장成長의 마음저림이여

단 한 번의 삶도 못 지켜본 사내가

수령 삼백 년의 홰나무를 올려다본다

지상地上을 잊은 깊고 먼 뿌리에게 소주잔 권하며
나는 세상의 바람 속으로 보온 메리야쓰를 감고 들어간다만

흔들리는 늙은 홰나무여
내 걸음걸이가 과연 어떠하단 말이냐

그게 바로 나였어

세 개의 연약한 살대로만 구르던 바퀴,
이가 맞지 않아서 굵기도 단단하기도 달라서
늘 뒤뚱거리던 시간의 바퀴!
구르고 굴러서 왔다 지금 서있는 여기까지
신음이 반복되는 잘못 만들어진 노래를 부르며

시간의 냉기 가득한 험한 골짜기 눈알을 굴리며
비열하게 서성거리며 버텨온 낙인烙印,
녹슨 훈장으로 남은 몇 가닥 불량한 숨소리,
외면하고 반역함으로써 생존한 수치의 증거

흘렀어 불결한 정액이 끈적이는 가랑이 새로
불온한 눈물인가 뭔가 두 줄기 흘렀어
옳은 것도 틀린 것도 귀찮아 뒷덜미가 가려운
그게 바로 나였어

많이 떠돈 사내는

하나의 둥지만 사랑하진 않게 되고
원하지 않은 곳으로
이리저리 흘러 다닌 사내는 살아남기 위해
애써 정갈한 마음을 지니지 않게 되니
그게 바로 나였어

그리움도 부패한다

1.

밤낮으로 덜컹거리던 그대를 깊은 기차바퀴살 속에 죽은 뼛가루로 뿌려두고

피를 짜낸 혈관도 말라 눈물에 찢긴 꽃잎을 거기 묻어두고

무한대칭의 시간 속을 하염없이 걷고 또 흐르고

2.

어쩌다 만난 티끌을 위하여도 풀잎처럼 낮게 흔들리던 숨결

가련한 영혼이 썩지 않도록 마음에 박히던 별

시간의 가문 뿌리에 내리던 허허로운 약속

3.

생각 속엔 어제 일 돌아가기엔 구만 리 먼데

손에 쥔 아지랑이같이 잡힐 듯 하얀 목련 아리게 질 때

건조한 시간이 불타던 강으로 창窓을 낸 봄날의 삐걱대던 문門에서 출렁이며 멀어지며

그립다는 말 대신

이른 아침 일터로 걸어가다
떨어진 낱말 하나 주웠다

잎새보다 오래 전에 떨어져 뒹구는
말라붙은 허공의 혈관 위로 흐르는 가여운 낱말의 온도

그리움은 버려진 거울
깨지지 않아도 시간의 요란한 더께에 실려 흐릿해지고
실핏줄처럼 자주 터져 온몸을 격랑에 띄우고

그리움은 안개의 제단에 올려진 영정사진
과거의 뚜렷한 한 개 점으로 회귀하는 불안한 가출

눈꽃이 흩날리는 대로 녹아 순간에 소멸하는
필라멘트 끊어져 사각거리는 그을음 내린 어둠의 흔들림

늦은 밤 집으로 걸어가다
문득 떨어진 표정 없는 얼굴 하나 주웠다

나무의 말

한 알의 씨앗이었을 때
우주의 기운을 지닌 무언無言을 얻었다
연약한 묘목에 지나지 않았을 때
말은 때 묻지 않은 생명의 소리 그대로였다

햇살을 받고 눈보라를 어깨에 져 본 후
나이테를 두르기 시작했을 때
말은 반쯤 치장하고 늘어지기 시작하여

밤짐승이 등을 비비기도 하더니
껍데기를 한 번 두 번 벗고 잡목을 헤치고 오를 때
말은 기름이 흐르고 속내가 생기게 되고

비와 바람과 빛이 풍성하여
잎이 무성할수록
바람의 부피보다 더 많은 대답을 했다

〉

그늘이 넓고 하늘 아득히 키를 키우며
성목成木이 되어 가지조차 나이테를 가질 때
나무의 말은 믿기 어렵게 되었고

숨죽여 별빛을 휘장처럼 드리우며
목재로 실려 나가지 않고 버티던 그들도
자꾸만 속울음과는 다른 소리를 내더니

숲이 거의 해체되고 흙이 일어나
잎들을 모두 떠나보낸 뒤
또 다른 씨앗을 자연으로 돌려주면서부터
비로소 말은 무게를 지니게 되었다

잎과 가지를 키울수록
나무는 치장을 하고 하품을 하고
종내終乃에는 가진 것을 다 줘버린 탓에
씨앗이 지닌 순수의 울음줄기만 남겨두게 되었다

너의 고통에 대한 답장

다수일지라도
그 다수가 옳지 않은 것으로
그들만의 공동이익을 감싸 안고
굳게 결집되어 있다 하더라도
힘을 키우며 기다리고 참으면
결국은 하나씩 차례로 사라지고
너는 살아남는다 승리다

기다리고 참는 것 중에는
신음소리를 내지 않는 것도 포함된다
할 수 있겠는가 대답하라

하고 많은 조언 중에
하필이면 이런 걸 줄 수밖에 없었을까
아직 아픔에 익숙하지 않은 너에게
나도 여전히 아픔에 절여져 있는 이때에

너의 친구

알고 보면 넌 아무 존재도 아니었지만
그래도 한 때는 친구라 불린 적이 있었지
네가 침을 튀기며 핏대를 세우는 그 이유로
내 삶은 단단한 뿌리부터 한꺼번에 끊어져 나갔지
네가 시장 한복판에서
얼굴빛 하나 변하지 않고 떠벌리는 바로 그 사연으로
널 안 시간보다 오랜 세월을 미워하게 되었지
등 뒤에서 풍겨오는 네 나른한 하품을 들을 때마다
한 때 친구라 불리운 사람이
이 땅 제일 먼 곳에서
감히 추억되지 못할 꺾인 날개로 떠돌게 되었지
때로 친구란 가장 먼 자의 이름이기도 하다는 것을
누가 가르쳐주지 않아도
저 달 기울고 성긴 별 구천을 떠돌 때마다
어머니의 오랜 태반으로부터 배우고 있으니
친구 친구
그것은 내 삶 한가운데 깊이 파인
가장 고달파 아린 또 다른 내 이름이었지

달맞이 꽃잎이 된 누나

마른 국화줄기 흙담 밑에서 홀로 작은 어깨 들썩이던
열 일곱 누나는
까까머리 동생이 중학교 모자를 쓰던 날
살림밑천으로 공장에 들어
찰랑이는 머리 땋아 보지 못하고
달맞이 노란 꽃잎이 되었다

푸른 나이
어둔 구름 천둥 사이로 헤매던 낮은 그림자는
가나다라 구누두루 우울한 언어의 음률 속에 묻혀
떠나고 사라지고

내가 가는 길마다 흔들리며
누가 볼까 밤마다 깨어
달맞이 꽃잎으로 낮게 낮게 울고 있었다

네 마음으로의 불안한 여행

이제 네 마음속으로 들어가는 길을 알겠어

한 번도 가보지 못한 불안한 길

성벽보다 단단할 시간의 편지 꾸러미를 안고
네 마음속으로 가는 길을 알겠어

이젠 네 마음 보여주지 않아도
네가 잠근 자물쇠를 알겠어

나 이제 마른 잎으로 날린다 해도

가뭄으로 쩍쩍 갈라진 네 마음속으로
내 목숨을 갈음할 네 닫힌 마음속으로

이제 들어가는 길을 알겠어

마른 흙 위에 쓰네

마른 흙 위에 쓰네

이 세상에 날 꼭 안아 주실 이
그 누구?

안개 자욱히 내린 밤길에도

사람과 사람들 꽃과 꽃들
그 가운데 꼭 있지 않을까
날 사랑하고 아껴주실 이
찾아 헤매네

아까시나무로 서서 기다리네
상흔같이 늘 가시 키우며
때로는 향긋한 꽃내음 주렁주렁 꾸미고서
기다림은 바람 많은 하늘로 뚫고 오르네

〉

겨울에 뿌리를 내려
따뜻한 내음 가득 연기 피우며
바람벽 구들장 데워놓고
기다리네
이 세상에 날 꼭 안아주실 이

연기처럼 사라지는 눈물들
마른 땅에 떨어져
거세게 뿌리를 흔들어 깨우고
기다림의 긴 꽃소식으로 내 두꺼운 삶이 뒹구네

무딘 물음 그리고 날 선 대답

말씀해 주세요 가르쳐 주어요
어떡하면 청춘을 해바라기 씨같이
알차게 보낼 수 있을지

시간의 보답을 받을 것인가
시간의 복수를 당할 것인가
너의 지혜만큼 골라 잡아라
이것이 시간의 전부다

말씀해 주세요 가르쳐 주어요
어찌하면 단 한 번의 삶을
첫사랑의 두근거림으로 키워갈 수 있을지
눈시울이 자꾸만 달아올라
눈물이 왈칵, 쑥, 빠지게

세월에 맞는 향기를 지니지 못하면
시간의 악취를 풍기는 구정물이 흘러라

이것이 삶의 전부다

사랑할 땐 그대 눈망울
사랑을 잃었을 땐 당신의 가슴

부음訃音

모서리가 떨어져나간 낡은 소파에
늙은 아비가 목침木枕을 베고 누워
반세기도 훨씬 넘은 못 다다른 젊은 꿈을 꾸고
따뜻한 갈색 고양이가 꼬리를 두르고
품에 안겨 단잠에 취하는 세시의 위험한 직각直角

처마 밑 왕거미의 밀궁密宮 속으로 기수를 잘못 잡은 잠자리여
들어라 네 배부른 날개가 빚을 갚으려 하는구나

아비가 단잠을 설치고
고양이가 앞다리를 뻗어 꼬리를 세우면
거미는 집을 나서고
기껏해야 백 년도 못 견딜 일생一生

젊음이 어디 그리 더디 가더냐
부음訃音에 가을은 낙엽보다 빨리 진다

| 제4부 |

하나의 생멸

사랑을 잃은 나

외로운 사람들의 습한 숲에서
이끼처럼 자라는 나

태양빛이 혈기를 잃은 그늘엔
연약한 새 날아든다

피의 깊이
강물의 높이만큼 자라고,
살아남은 살肉들의 난투극 뒤로
장방형 비밀의 꽃밭이 문을 연다

팔월의 자궁에서 태어나
강물의 수심에 시간을 보태고 뒤돌아보니
유월에 사랑을 잃고 하염없이 물결치는
나

도시의 못된 하루

때론 식량을 위해
니힐nihil의 폭포 속으로 아낌없이 몸을 던지는
위대한 전사
자동차를 타고 하얀 금 그어진 선을 따라 보낸
하루는 정직하다

서로 안부를 전하고 선한 웃음을 건네지만
그대 빨강 가방 속에선 속된 욕망이 익어가고
내 검정 구두 안에선 불편한 시도가 숨을 쉰다

선사先史의 땅속에서 부는 바람 맞으며
대리석 계단 따라 흘러 지하철을 타면
모든 바쁜 동작이
동력 잃은 시계추처럼 한꺼번에 멎고

여기는 대구 반월당역
좁은 통로를 오르면 존엄을 잊은 어깨가

강요된 약속의 틈바구니를 따라
태양의 단비 속으로 스러진다

하루에 한 개씩 손목의 시한폭탄을 먹고 사는 일상의 몸부림 뒤로
희미한 불빛마다 고된 저녁밥이 익어
지은 자의 노고를 망각한 밥숟갈이
굉음을 내며 자정 속으로 빨려든다

얇게 닳아버린 희망을 열정의 지우개로 밀어
날마다 바뀌는 두꺼운 화장의 꿈은
네온 간판에 나부끼는 극동인의 박제된 표정으로부터

도시의 못된 하루를
밋밋한 형체의 흑백사진으로 뿌려 놓는다

돌아보는 길

딱, 하고
깨달음의 문에 들어서는 것도 아닌데
훔치고 베낀 어눌한 말과
부풀려진 상상으로
먼 길을 너무 뜻 없이 오래 걸었구나

그러니 피부가 중력에 놀라고
털도 허옇게 바랠 수 밖에

구르고 때로 자빠지면서
세상에 기대고 꽃을 무너뜨리면서
꺼질 듯 나는 살아있구나

생존해 있음은 썩은 꽃!
태풍만 남기고 벌도 나비도 떠나고
지문指紋이 남기는 손의 이력서
손톱이 악령보다 더 길다

마흔 여덟

시객詩客 김수영이 병풍 뒤에 누워 문상객들을 만나고
시계바늘만큼 식은 술잔이 돌고

나는 세상의 팔폭 병풍 앞에서 얼마든지 쓸쓸했으며
가슴 한가운데 바람이 만든 구멍이 시커멓게 나 있었다

노을이 없는 미지의 대륙, 그 땅끝 저물녘을 향해
하얗게 창이 열리는 소리

밤의 십자로

기찻길이 가까운가
웅웅대는 밤의 발자국소리 좀 들어 봐
녹물처럼 붉은 영혼을 풍기며
끝도 없이 금간 데도 없이
어디론가 떠나고 누군가에게 다가가는
매연의 빨간 행렬 좀 봐

모양 없는 생각과 추억의 목도리를 걸고
웅성거리며
가을꽃 그려진 연분홍 손수건인 줄 아는지
느리게 매우 느리게 흔들어

숨쉬기가 어려운 높이까지
욕망과 희망의 깃발 두 개를 잡고 올라봐
내려갈 일만 남은 지도 모르고
꼬리에도 황토빛 꺼지지 않을 등을 달아
바람 부는 대로

목숨 한두 개 쯤 던져 봐
느리게 아주 느리게 아무렇게나
별 거 아닌 듯이

싸늘한 창가 검은 바람이 십자로의 뒷덜미를 잡고 있어

생몰 연대기

어디에나 따라붙는
생과 몰의 숫자 속에서만
너는 살고 나는 죽고
꽃은 피고 그림자는 지고

영원을 가장한 짧은 생生
우주는 야바위 바둑이나 두고 앉아서

저리 바삐 다투고 떠나고 만나는 가운데
돈이라는 신神이 있어

사랑 행복 따위에
노래 가위눌리고

저리 서둘러 피었다가는 반드시 지고야 마는 꽃 가운데
땅의 거절을 겸허히 받는 파도의 슬픈 구애가 있고
하늘 바람의 절대가치가
벌레의 가슴 속으로 길을 달린다

시간時間의 왜곡歪曲

목이 부어오르는 새벽 공기
길을 잘못 든 가을새 발깍지 끼고 전선에 앉아
곤하게 밥벌이 가는
뒤틀린 걸음걸이 훔쳐보고 있을까

카리브해海의 닭살 돋은 난민 뗏목 타고
동경만東京灣으로 밀입국하다니

분서갱유焚書坑儒의 책 타는 소리 뼈 부러지는 소리 딱딱
그 뒤뜰에 운우지정雲雨之情이 있어
간드러지는 헤픈 웃음소리 황하黃河 밖에서 들린다

희디 흰 터럭

오오
흰 터럭이여
늦은 팔월인데 선선함 머금은 바람 담배연기를 날리고,

오오
희디 흰 터럭이여
세월의 삼엄한 걸음에 새겨진 꽃이여

이제 무한無限을 탐하다 지는 지상地上의 꽃잎 속에 별들이 태어나고
벚나무 이파리도, 하늘도, 나도, 높은 강물에 언뜻 흔들리고,

강언덕 바람 맞으며
시간을 돌아보는 눈동자의 마음
특별할 것 없는 나를 낳은 고향을 품고
세상의 검은 절벽을 걸어가는
오오 희디 흰 터럭이여

〉

무한의 칼끝 위에 잠깐 사는 나는 누구인가?
한 세월 세상의 오색 치장에 홀리고, 가려져,
쓸 데 없는 물건이 되었구나
분주한 마음이 이런 나를 만들었구나

중풍이 누워 있는 안방

오므라든 달맞이꽃대들 한참을 바람이 자니 길마다 비석처럼 서있다

그 집을 가자면 마을버스에서 내려 대망리大望里라 크게 음각한 표지석 따라 뜨거운 햇볕 건너서 담뱃집 울타리 지나 오른쪽으로 골목길 들면 늙은 가죽나무 뒤로 하늘색 페인트 말라 벗겨진 녹슨 대문 면사무소에서 달아준 우편함도 간간이 덜거덕거리고 마당 구석엔 하천부지 세금고지서 같이 경운기 바퀴 발톱을 감추고 웅크렸다 오래된 흙담도 발치부터 몇몇 주저앉아서 앵두조차 붉은 혈관이 막혔고 그 집 할부지 주름살 같은 슬레이트 지붕에도 감잎이 우거져 초록이 눌러앉았다

한 생을 일구던 밭고랑조차 흐린 기억으로 물결치는 안방에 어둠이 찾아들고 텔레비전 뉴스 소리가 양수기 모터 같이 툴툴거리고 징징거리고 저리는 장딴지 돌아 문병問病들 지나간 문지방 안으로 불안한 손사래조차 뜨겁도록 여름볕 아래

근육도 피부도 헝클어진 털도 누워 있다

바지랑대 위 빨래처럼 생애쯤이야 속절없이 나부낀다 해도 세상일들은 떨어져 나간 비닐 장판 방바닥에 핀 곰팡이보다 더 눅눅하고 침침해진 하루하루는 이리도 더디 흐르는데

밤의 길섶을 철썩이던 달맞이꽃이 산골의 정지된 풍경을 조금씩 열고나서야 여름별도 할매의 답답한 폐부종이 사그라지는지 숨을 내쉬었고 말라가던 달맞이꽃대도 이제 제 몸을 놓아 땅 위에 흔들리기 시작했다

검은 보자기 같은 산줄기에 폭 싸인 집집의 불빛들이 하나씩 별들에게 자리를 내줄 때에도 액자 속 가화만사성家和萬事成은 어둠 속에 가로누워 있었고 멎어버린 축 결혼 벽시계를 닮았는지 시간도 기억도 손발도 꼼짝을 않는 통에 그 해 여름은 스스로도 숨이 막혀 답답한 세월을 한껏 부채질했을 것이다

질기고도 긴 하루

길 잃은 바람이 붉게 흐르는
대구분지 산격동 개나리공원 그네 위 하현달
검은 색소 안으로 유영한다

태양의 하품에 주홍비단이 색감을 토해낸 뒤로
옅은 구름에 가슴을 뜯긴 달이 윤기를 잃을 때마다
벤치의 남자 시큼한 술 내음 트림에 여자는 취한다
창백한 아이가 치맛바람으로 휘휘 그네를 타고
먹다 버린 수박이 퀴퀴한 열대야의 어둠에 썩어간다

공원 나들목 음영陰影을 버린 계단에
부서진 빨간 벽돌 술병 위에 뒹굴고

밥그릇의 질주를 잠시 거두어
문명의 미친 달빛 너머 불 꺼진 반 토막 하늘에
가슴을 열어젖히며 보라
어둠의 주먹이 시드는 달빛을 겁주지 않느냐

〉

나는 배회하며 생각해 본다
질기고도 긴 하루를 건너는 숟가락과 목구멍의 함수는
젓가락이 콩나물무침을 집으러 갈 때의 속도 값은
손질하지 않은 머리칼이 주는 자존심의 낙차落差는
방문을 나설 때와 귀가길 신발의 무게 변화는
달빛과 더운 바람을 털어낸 마른 가슴의 용적은

일당 만구천 원 실업대책 공공근로와
두 아들과 젊은 아내의 불안한 삼차방정식이 구두끈을 조이면
퇴로가 막힌 장기판 초패왕처럼
한여름 더딘 하루가 해법을 잃은 채로
거친 밥상에서 방황하지 않느냐

태양의 외눈

낯선 그림자를 만들며
내 아린 내면을 들여다보는 투명한 외눈!

모든 것 알면서 짐짓 입이 무거운 척 외눈!

어둠에 묻혀 넘치던 내 아버지 막걸리 사발에도
그렇게 있어다오

며칠을 봄바람 불어대더니

며칠을 봄바람 불어대더니
이런! 고단새 뭔 일인가, 매지구름 홍건하네

어제 동틀 때
창 열고 보았던 목련 꽃봉오리
눈에 담아 두었더니
금세 기지개 다 켜 버렸네
암만, 목련 피지 않으면 봄도 아니지

저 구름 떨어지면
무거워 꽃목 부러질까
조마조마하니 바람도 살살 불어라
내 삼백예순다섯 날은 목련의 자리
이제 황급히 지면
그 많은 밤들 어찌 묵새길까

가슴 졸이며 봄비를 멈추고 싶다네

턱에 괸 잔주름을 만나다

정강이뼈처럼 낡고 무력함에 기대 버티는
오후 봄볕 아래 선 공원 의자 위

세월에 살과 피를 돌려 준 나는
동산병원 서문시장을 질러
달성토성 언덕을 살펴 몸을 누이고
파란 허공 흐르는 하얀 구름에
동공을 맡긴 채
졸고 있는 숱한 시간
그 속으로
오래 거슬러
꽃답던 스무 살 봄을 맞는다

아른거리는 분홍빛 시간의 뼈 아래로
일순一瞬 검은 새 창공을 긋고 지나다

미완성

그것은 흉터로 이마에 남아
미끈한 봄바람 한 덩이로는
소독조차 어려워
얼굴을 씻고 또 씻어보지만
중력에 맞서던 시간은
아래로아래로 요실금 같이 흘러내리다

하지夏至의 나뭇잎

하지夏至의 나뭇잎은 입김 빠진 풍선껌
쇠죽 끓이다 열어 본
유년의 솥뚜껑에서 덤벼오던 열기
미래의 공화국에 지명수배된 젊은 날 향기가
찌든 여름의 차창 밖으로 흩어지고

벌써 여러 날 밤을
유랑극단 약 파는 소리에 뒤척이다
어제는 이현공단 가는 버스를 탔지
무슨무슨 도사의 운수대통과
애인구함의 전화번호 출렁이는
뒤켠 자리에서는
뒤섞인 더위의 퀴퀴한 냄새가 허파를 들락거리지만
하지夏至의 나뭇잎은 헤진 딱지처럼
내팽개쳐진 개구리 뱃가죽 같이
뒤집어져 더운 바람에 펄럭이고

〉

싸구려 반바지에 고무 딸딸이 끌고 가는 시장을 지나
개점휴업의 고갯마루 예식장을 지나
타향인의 천국 파업 중인 철도역을 지나
인부들 등짝을 갈기는 신축공사장을 지나
하지夏至는 저물어 가고

끼긱거리는 기어변속의 굉음 속에
버스를 내리면
저 멀리 전셋집 모퉁이
윤기 없는 머리칼 날리며
불안히 떠도는 청춘을 기다려 주던
내 젊음의 후회
슬픈 누나를 만난다

하나의 생멸生滅

하늘 위에 하늘 아래 모든 것에
하나의 생멸生滅이 침묵으로 기다렸다

먼지를 먹고 사는 동물은 보다 빨리 사라졌다

뱃사람은 파도에 엉키어 바다에 단련되고
청년青年은 봄빛에 부시어 희망希望에 단련되듯이
찌꺼기를 인정하며 체념으로 살아가는 인생人生은
먼지에 단련되었다

몇 번씩은 허락되지 않는 폐지廢紙 같은 날들이 눈처럼 쌓이고 흩날리고

그것이 마지막인지도 모른 채로
살아있는 것을 먹고
하나의 생을 버렸다

황소를 살해하는 미트라신神

-하지만 인간이 신을 창조했다!고 너희 현명한 자들은 말한다.*

강이 가까운 새벽 창문을 열었을 때 가벼운 물방울의 정령精靈들이 문턱을 뱀처럼 혀를 날름거리며 넘어 들어온다
페르시아 태양신 미트라는 황소의 목을 뒤에서 꺾어 예리한 단도로 깊이 찌르고 순간, 묵은 고름처럼 빽빽한 피가 대리석을 뚫고 뿜어져 나온다
용감한 창세기의 뱀과 늑대가 황소의 옆구리와 앞다리를 타고 오르며 뜨거운 피를 여한 없이 핥는다 전갈은 길을 돌아 어둡고 습한 불알을 먹는다

가여운 황소는 가쁜 숨을 헐떡이며 안개 속을 걷던 기억을 더듬을 것이다 안개는 황소의 고단한 이불 황소는 헛웃음을 치며 생각한다 과연 나의 피는 누구를 위한 피로 흘려지는가?
〉

한 번씩 숨을 고를 때마다 황소의 피는 관정灌頂의 물처럼 퍼올려져 대지를 적시고 적셔 흐르고 넘쳐 바이블을 적시고 모든 활자들 사이를 바쁘지 않게 끈적이며 흘렀다
뿐만 아니라 시간 사이로도 흘러 넘쳐 한 사람의 일생을 적시고 한 나라를 적시고 한 시대를 적시고 살아있는 것들은 모두 그들의 위대한 서사시를 읽었고 모든 힘의 방패로 서서 바다를 이루었고 그야말로 성역聖域의 요람 안에서 가장 안전한 비즈니스가 되었다

불을 숭배하던 사람들은 고개를 들어 오늘도 어김없이 태양이 사라지지 않았는지 검사하는가?
우리는 거대한 신화의 각본 위를 처연히 걸어가다 골다공증과 세포의 궤멸과 기억의 잔해만을 남겨두고 또다시 질병과 기근으로 수척해진 황소의 품으로 돌아가 그 피를 빨 것인가?
신神 따위는 원래의 맛을 지우는 화학조미료
옛 사람들도 미리 그 맛을 알았던 것일까

안동호湖가 밤낮으로 뿜어낸 안개가 황소의 피를 날름거리며 빨던 안개가 스멀스멀 태양 빛에 죽어 만물의 그림자를 대리석 위로 토해내고 있다

고단한 삶이 즐비한 곳에서 세상은 입을 다물고 태양빛은 진군한다

미트라는 투쟁을 멈춘 인간세계의 풍요와 번영을 위해 죄없는 황소의 목숨을 거둬 그 피로 성배聖杯를 채우고
신神을 파는 가게는 오늘도 안개 속에서 온갖 흥정과 기도로 북적인다

태음의 신들이 환하게 주술을 걸던 어느 밤 미트라의 꿈을 꾸었다 미트라에게 물었다 그대는 어디에서 왔소? 나도 내가 누군지 모르오! 밤별과 낮달이 선거철 벽보보다 더 뒤숭숭하게 펄럭대는 시간에 갇혀 있었다

* 프리드리히 빌헬름 니체의 『즐거운 지식』에서 인용.

후회

사람이 반짝임을 안 것은
그 사람을 잃고 난 뒤였습니다

시간조차 반짝임을 안 것은
세월이 가버린 뒤였습니다

길이 반짝임을 안 것은
어둠이 길을 먹고 난 뒤였습니다

눈물이 반짝임을 안 것은
슬픔을 받아들인 뒤의 일이었습니다

늘 푸를 줄만 알았던 청춘의 살결이
거칠어지고 주름이 잡힌 것은
마음을 몸 밖에 내어둔 탓이었습니다

나는 문득

내 영혼이 사는 육신을 둘러봅니다

한 때의 외로움을 달게 삼키고 키우지 못해
아리따움은 사라집니다

아버지의 자기소개서

나뭇잎이 팔랑 흔들릴 때
가뭄과 동상으로 부르튼 씨앗의 통증으로
형광등 흐린 불빛이어도
가슴에 저며진 말은 세상 밖으로는
아무래도 나오지 않을 요량

선글라스에 감춰진 밀정의 눈알로도 볼 수 없던
내밀한 마음의 움직임
고래의 속도 깊고 어둑해서 한 번도 보지 못했던 현미경
눈알
바다의 깊이를 누가 알랴

꼬부라진 허리와 쪼그라든 어깨에
한 세월을 메고 고추농사면 어떻고
담배농사면 어떻단 말인가
벼는 구월 마지막 밤에도 시원하게 익어가고
선산 오일장 순대국밥 한 그릇에

먼 산도 긴 강도 수그러들며

나를 묻지 마라
삼남매 건강히 길러내고
석양의 논밭길 걸어
막걸리 한 사발에 콧노래 흥얼진
내가 누구냐고 어떻게든 묻지 마라
석양이 늘어뜨린 내 그림자
나는 술 한 잔에 취하고
석양에 취하고 세월에 취해
내 젊은 손발이 부지런히 헤엄치던
해거름의 논밭길을 으하하 구부정 걸어갈 뿐이다

안개

안개는 밤을 지켜낸 바람의 두터운 눈물
밤을 수비하던 별들도 졸려 은하의 등불을 끄면
내 얽힌 심사만 쓸쓸히 쇠바퀴처럼 덜커덩거리며
잠자던 바람이 기척을 하고

저 무수한 염원과 기도를 빨아들이는
첨탑의 종과 풍경風磬의 흔들림 뒤로
묵언의 소리를 지켜내었고

어둠의 찬 기운이 뱉어낸 바람의 고단한 입김
그 속을 걸으면 지나간 것들을 덮고 덮으며
지녔던 모든 것들을 지우고 지우며 미리 덮쳐오는 안개여
무수히 하얀 꽃 피고 또 꽃피거라

새벽 안개 속을 이리저리 헤매다 한 번씩은 절뚝이면서
중심이 끊어진 외나무다리 위에서
무량無量의 공간을 먹으며 홀로 울먹이던 때도 있었네

| 제5부 |

결단

써서 없애기

몽당연필을 침을 묻혀가며 쓰던 때가 있었다

싫증이 나!

사랑도 쓰다 버리고

말도 뱉어버리고

마침내 써보지도 못하고 버려지는
시간 시간들

심장 박동에 어울려 사라지는 시간
멸종의 두꺼운 바다로 흐르며
내 마음에 깊은 골짜기 하나 만들어 놓았다

아버지의 푸른 시계바늘

정말 맞는 건지 알 수 없지만
아버진 인디언처럼 많은 것을 경험으로 알고 계셨지
가을 새들 줄지어 높이 날면
그날은 바람이 불고
새벽 서리 짙게 내리면
어느 날보다 따뜻한 낮을 맞을 수 있다 하셨지

팔순의 허리로 배추를 뽑고
들기름을 짜고 무 단을 묶고
결핍의 여울진 강 건너오신 용감한 호흡 이젠 턱밑에 차고
나락 가마니 담벼락에 밀치시며 말씀하셨지
몇 굽이의 고개를 넘어야 어른이 된다고
나이의 푸른 시계바늘은 아버지의 백발에, 어둔 귀에 걸터앉았다

사람과 사람의 틈바구니에서 밥벌이의 엄연한 진실
차꼬 같은 막힘 벗어나고 싶었을 하루하루 알뜰히 모아

가을 햇살 한 짐 등에 지고 굽은 걸음 옮기시고
집 나서며 품어본 아버지 늙은 가슴
아무런 말씀 없으셔도 나날의 노동에 불거진 등뼈에서 나는 느낀다
오래오래 둘러주신 그 눈물겨운 바람막이를

그런 아버지가 될 수 있을까
아버지 늙은 몸에서 나왔을 고운 사리,
흰 쌀밥을 씹으며
검은 세월에 누워 잠자던 둔한 가슴의 불편한 고백,
시큼한 눈물로 간을 맞춘다

아프리카 영양의 뿔

동방에는 매향梅香이 타는 때
잉글랜드 「데일리 메일」의 사진 다섯 장

살금살금 갈기를 세운 사자가
세렝게티 초원의 샘에서 목욕 중인 영양을 향해
고개를 앞으로 쭉 빼고 입을 앙다물고
등을 낮춘 채 눈을 번득이며 한 발 한 발
꼬리가 풀잎에 걸려 바스락 소리가 날세라
조심조심 다가간다

한 발 한 발 앞으로 앞으로
드디어 만만한 거리 목덜미만 물면 끝난다
날카로운 이빨과 강철 같은 발톱이면
늘 해오던 쉬운 먹이다

순간, 영양은 긴 뿔을 세우고 사자를 향해 돌진한다
난 너의 밥이 아니다

〉

멈칫, 사자는 영양이 사자를 알아보길 바란다
제발 알아보길 원한다
무심한 영양은 턱을 당겨 뿔을 지평선과 평행으로 들고
마치 검의 날로 찌를 듯 달린다

아뿔싸, 이런, 쉿!
어처구니가 없어 누구에게도 들키면 안 돼
누가 봐서도 알아서도 안 돼
사자는 세렝게티의 구겨진 후퇴를 만난다

누구나 사자의 순간이 있다
그러나 영양의 순간도 있다
뿔은 장식이 아니다
뿔은 거대한 반항이고 맞섬이며 살아 있음이다

그대 당신, 세상을 향한 뿔 하나 가졌는가?

세월이 흐르는 방식

눈은 내려 산길을 지우고
눈물은 흘러 살 길을 재촉한다
바람은 겁 없이 불어 뺨을 후리고
해 떨어지기 전으로 갈 곳은 멀다

숨소리 거친 산길 굽이 따라서
어둠의 나무들이 흔들리며 자라고
산 것들에게 주어진
절대의 인내를 부르는 계절이 차다
시간은 가장 가혹한 방식으로 흐르고
목숨은 가장 비릿한 방식으로 지켜지는 것인가

행복, 그 어두운 숲속으로

잃기 전에는
도무지 깨달을 수 없는 것
식구들이 따뜻한 밥 같이 나눠 먹는 것
아무도 날 사랑하지 않는 것
아무 일도 일어나지 않는 것
아무 것도 情 준 일 없는 것
죽음 앞에 맞닥뜨려서야 비로소 죽는 삶의 거만함

죽음과 헤어짐 앞에서는 서러움 만한 것이 없고
잃기 전에는
도무지 깨달을 수 없는 것이 한껏 있으니

오오 시간의 무정한 빛이여
어느 날엔가는
내 추운 밤이 쓸쓸하지 않도록 조금만 비추어다오

압구정역 열한 시

검은 양복이 도회都會의 어둠 속으로 마약 같은 공기를 맡으면
3호선 전철이 동호대교를 미끄러지며 뱉어놓는 구겨진 푸른 넥타이
덜커덩 덜커덩 그대 심사도 그 박자에 복잡하게 어울려

때론 어설픈 확신에 그대 저지른 과거로
발가락이 힘 준 곳까지 왔겠지
어쩔 수 없다 지금은

수술대 위 달콤한 마취로 생살 후비는 고통도 모자랐던
과로한 밤의 시계바늘

세상으로의 출구가 곧장 순종이 돼버린
어둠만큼의 무게를 지고

와이셔츠 단추를 풀어

구정물이 흐르는 목젖

홀린 듯 졸부猝富의 환영을 따라 움직이는 발가락이
밤공기에 눌려 무거운데

압구정역 열한 시
광택 잃은 구두로 터널을 나오니
자유 평등 평화 행복 온갖 지복至福이
자라등처럼 금이 간 구석마다
예리한 칼날로 매복해 있다

야적된 가슴

어제도 몰래 다녀온
낙천과 염세의 틈바구니에서
스물네 시간의 무게를 재봉질한다

순서대로 입 귀 눈을 단단히 잠그고 가슴만 남겨둔다
기쁨도 슬픔도 지나치면 눈물이 거꾸로 매달린다

입과 귀와 눈을 꿰맨 뼈들의 봉분 위로
역사의 줄기는 꽃을 내고 덩치를 키워왔으니
눈물이 거꾸로 매달리는 것은 참으로 옳은 일이다

나의 무기는 외로움과 기다림
태양의 불편한 빛이 찢고 간
너덜거리는 가슴을
어둠 속에서 대충 시침질하였다

뼈들의 봉분 위로 덧없이 야적될 슬픈 가슴을

어떤 보람

반도의 허리 잘린 생각에 갇혀서
일상에, 부지런한 반복에 묻혀서
오늘을 헤맨다

어차피 내가 못 가질 것
바람은 뭉텅이로 낯짝을 때리고
파상으로 거듭 갈긴다

그러나 유빙流氷의 바람 찬 흰 바다여
어디면 녹아서 절멸의 바다를 흐르겠는가

보통의 노동이 평생을 달구어도
자본의 발바닥 구린 땀냄새조차 못 맡는데

하지만 철마다의 분분한 꽃가루여
어디를 찾아서
흐릿한 세상의 표지를 수놓겠는가

웃기는 짜장면

동네 중국집 앞 양지녘에 쪼그리고 앉으니
시간은 탐욕스런 점성술사의 술 취한 예언이 되고

유리창에 반사된 빛 갈래에 나는 갇혀서
투명한 나체의 단열 유리창에 단절로 갇혀서
안경알에 갇혀서
노안老眼과 흰털과 주름과 시계붕알 털렁거리는 소리와
적외선과 자외선 벽 너머
이명耳鳴의 전율과 창자의 끊임없는 구걸에 갇혀서
비평의 오합지졸 허수아비들 늘어선 펜pen의 방책防柵
문약文弱의 변명과 유퍼미즘의 욕설들에 갇혀서
꼼짝달싹도 못하고

목젖에 유행가를 구겨 넣으며
불쾌한 성기性器를 뙤약볕에 널어 말리며
반도에 갇히고 반 쪽짜리 자유에 갇혀서
이 땅 모든 어머니들의 잦은 폐부종을 비로소 바라보게
되었다

역사歷史의 슬픔

세계世界를 꿈꾸다 각혈을 하면
밤이 무게를 내렸다
우상도 영웅도
이미 죽어 버린 형체의 매장

목적目的은 희소성 위에
가치價値는 빈곤 위에 존재한다

자만의 늪이거나 좌절의 굴레거나
무위無爲는
역사歷史를 분노하며 시들어가는 낙엽이게 한다

죽음 또한 희망 없음을 전제로 한다

억겁의 시간을 섬광閃光으로 살다 가면서
지배와 복종이 있다는 것
이것이 역사歷史의 슬픔이다

유월에 사랑을 잃으면

유월에 사랑을 잃으면 유월은 길다
언젠가 이런 일이 다시 있었던 것처럼
끝도 없는 눈물로 저 먼 모퉁이가 비어 있을 때까지 보내며
할 수 있는 것 하나 남아 있지 않은데 자유로워한다

마른 피를 토하는 저녁 강가에 눈물을 마저 퍼다 버리고
사랑을 잃어가면서도 시간의 비수를 피하지 못했던 지독한 근시近視의 불면
여태 그 많은 발자국을 버리고 다녔음에도 헛되고 헛돼가련했던 시도
빈 가슴이 무엇으로도 채워지지 못하여 유월은 길다

기역자로 꺾여 휘둘러진 오솔길 따라
밤낮이 봇물처럼 터져 흐른 후에
당신이 편안한 모습으로 서면 벅찬 가슴으로 있으면
아무 허물도 없이 유월은 아름답다 하리라

〉

사랑을 잃거나 버린 자는
바다의 기억을 지워버린 채 지느러미를 키운 어항 속의 열대어
유월의 파괴 위에 당신의 소망이 서면
이름 없는 언덕 잡초의 자양분으로 썩어져도
다만 유월은 아름답다 하리라

이 순간

과장이나 허영이 아니면 껴안을 수 없다던 조악한 시간들
바로 지금 이 순간
하나의 생이 막다른 골목에 갇히고
밀봉된 곳에 연탄을 피우고 알코올에 젖어 멀겋다
그러나 바로 이 순간 그렇게 죽어가는 자의
장기臟器를 애타게 기다리는 여자가 허옇게 누워있다
느티나무도 지쳐버린 초록의 장마 속에서
사람들은 별꽃 같은 사랑을 맹세하고
결혼을 하고 꺾은 꽃을 던지고
가져온 하룻밤을 서로에게 허락한다
그러나 또 바로 이 순간
노안老眼의 활자 위를 어둠이 걷고
욕망의 검은 바다로 내달리던 다리의 인대마저 끊어져
지친 심장은 살아있음을 두려워하고 있다
이 순간도 염량炎凉의 시대
무수한 약속의 사금파리들이 공장 굴뚝 연기보다 많이 피어오르고

또다시 못 견디게 원願할 이 더위의 검은 잔해 속에서
실패한 쿠데타를 지원하던 구화폐의 통증과 흡사한
지불보증불능의 탑들이 둥지로 세워지고
나체의 추운 상처들이 줄지어 화장터 프리즘을 통과한다

일기

다시 눈을 떴을 때
비와 태양과 꽃들이 흐린 바람 속에서 군무를 추고 있었다

유리로 만든 심장이 금이 가고 깨지는 소리를
귀로 가슴으로 울림으로 들었고

엄마 무릎이 통증으로 부풀어 오르는 사이마다
아버지 뼈같이 닳은 농기구는 녹이 더 슬고
환갑을 향하는 형의 머리염색 너머
접성산에는 더러더러 하얀 이팝나무 꽃도 피었다 졌다
나른한 강아지는 마당을 깔고 누워
꼬리를 연신 하늘로 땅으로 던졌다 놓았다

이제 땅 위로 숨통을 열어놓은 햇쑥을
해넘이 지붕이 기울도록 뜯고 다듬어
무쇠솥에 불을 놓아 봄을 끓이고 삶아
콩을 볶고 곱게 가루를 내서

엄마의 희미한 지문指紋 버무린 쑥떡을 먹을 것이다

거리는 낡아 먼지가 일고 이웃도 늙었다

나는 세상살이 교훈을 하루에도 몇 번씩 듣고 곱씹고
해거름의 나이든 이발사는
돋보기 너머 쑥대머릴 뭉텅뭉텅 잘라내며
새로 나온 염색약을 권한다

오늘 밤 엄마의 짙은 세월을 등에 지고 수척해진 아내에게
갈 것이다

이렇게 될 줄을 모르고

이렇게 될 줄을 모르고
늘 가슴에 북 하나 매달고 사무쳤지
하늘엔 새털구름
바다엔 주름진 물결
다만 꽃이 땅에 피기로

푸른 솔가지 일렁이며 검은 산 쓸어낼 때
나는 알았네

흔한 눈쯤이야 내릴 때 내리더라도
비 내리는 시월의 벚나무엔
새가 깃들이지 못하고
빨갛게 지는 잎은
죽고 못살 듯 매달렸던 가지를 쉬이 잊는다

강가에서

할아버지 기일에 아버지 절하듯 나 경건히 무릎 꿇고 들여다보네
저 강江 속에 무엇이 사나 이 삶 속에 어떤 게 자라나
꽃을 낳지 못하는 불임의 들국화 휘어진 이파리
산 그림자 속에 멍들고
청춘의 연못 격랑으로 채우던 그 사람 거울 밖으로 사라지고
그 빈자리, 낮은 옛 노래 가락만 잔물결에 일렁이네
저 굽이 돌아 편두통 같은 성스러운 밥그릇,
굴욕도 불사함이 하늘가에 아슬하게 걸렸으니
상록이 이 편의 전부 같아 보일지라도
조락이 늘 물길을 재촉했고
금물결 찰랑이며 멈춤 없이 시간의 노을 강물보다 길었네

결단

꽃의 마음은 확고하다
필 때 피고
질 때 지겠다는

일월성신日月星辰 아래 모든 것은
꽃인가
아닌가

화폐로 된 꽃봉오리
바람이 불 때마다
휘청댄다

저건 아니다

경계境界

무언無言이 딱딱한 죽음이라면
묵언默言은 부드러운 삶이어라

빛나는 감각의 덫에 걸린 죽사리
이녁 보게!
나 올해를 넘기기 힘들 것 같으이
밭고랑같이 갈래진 낮은 목소리
밥상 내오는 가슴이 내려앉는 만큼
영감 떨리던 손 숟가락 밥알이 중력 위로 쏟아진다

빛이 화장된 밤이 폐차의 분해된 엔진소리를 내며 저리 우주를 떠돌고,
오장육부의 운행과 이목구비의 뒤뚱거리는 감각 가운데서
언어도, 경계境界도 가뭇없이 사라져버렸다

하늘과 바다가 한꺼번에 내달려 대지에 그토록 무성하였다

낚시 일기, 하루를 건져내기

성경과 금강경 사이에 겨드랑이 털처럼 하루가 끼어 있었다
메마른 공책은 오후 세시 쯤 갈증에 몸서리쳤다
낡은 노트에 흠뻑 기억을 적셔주었다
시간이 흐르고 봄이 찾아오면 악몽에도 꽃이 피도록

오래된 별들이 쏟아졌다
사각의 평면에 갇혀있던 별들이 속삭이고 더듬으며
지샌 낱장들의 지능
과거는 용龍 문신같이 남겨져 가슴을 철렁이게 했고
표백된 별들이 심장의 비포장도로를 착실히 걸었다

달포 전의 시간들이 한 페이지씩 아침을 뚫고 나왔다
김장배추로 절여지던 추상적 기다림
이젠 포연砲煙처럼 묽은 연기만 뿜으며 어제 속으로 사라졌다
농협 간판이 택시 경적에 걸려 넘어지던 오후에도
현금 입출금기는 입금된 기억들을 토해내기 위해 긴 줄을
섰다

전화벨 소리는 정류장 빈 칸막이를 뚫고 어슬렁거렸고
이번 명절에도 고향으로 가는 페이지는 침묵했다
사라지는 자유는 머무는 곳마다 하얀 재를 뿌리며
서성이고 있었고
먼저 떠나는 이들의 차표마다 저녁노을이 검표檢票에 나섰다

밤새 침이 밴 일기장엔 단정치 못한 시간들이 허우적거리며
고단했던 낮의 시그널을 토해내고 있었다
마사지 가게 침대가 소시지처럼 윤기를 머금고 굽어보였고
버스운전사는 거꾸로 앉아서 운전대를 잡고
승객들의 표정을 독해하며 세상의 어둠을 유영하고 있었다
일기장이 바람결에 펄럭일 때마다
나의 조연助演, 그 붉은 하루가 얇은 이불로 나풀거렸다
오늘 쏟아 낸 아라비아 숫자와 검은 활자를 한 그릇이나
퍼담을 수 있었고
나의 하루는 보리밥 한 덩이처럼 푸석푸석해져서
하루를 끓일 때마다 어둠 속에서 늘 죽이 되곤 하였다

공녀貢女

동창생이 사관학교 나와 장군이 되었다
전시작전권 없는 나라에
아버지도 형도 조카도 아들도
옆집 철이도 줄서서 입대한다

핏기 없는 낯선 조상들
공물로 바쳐질 때
어느 누가 아픔없이 밥알을 입에 퍼 넣었는가

대륙과 열도列島가 번갈아 할퀸 상처로
우리 깃발은 너덜거리고
우리 치마폭은 찢겨지고

우리는 너무 쉽게 망각의 화관을 받아썼다

|해설|

밥과 죽음과 시간 위의 존엄

— 강시현의 시세계

최광임 | 시인

1.

우리는 언제쯤 밥으로부터 자유로워질 수 있을까, 는 참으로 우매한 질문이다. 그럼에도 최소한 밥에 얽힌 갈등과 문제로부터 의식이나마 여유로워질 수 있는 방법은 정말 요원한 것인가 하는 말이다. 휴전 62년 그리고 2014년 기준 1인당 국민소득 28,000달러가 넘는다는 현재 우리 사회는 여전히 밥으로부터 자유롭지 못하다. 하루 평균 40여 명이 자살하는 사회, OECD 국가 중 11년째 자살률 부동의 1위를 차지하고 있는 사회, 그중에서도 경제적 문제로 인한 자살이 1위를 차지하는 사회라는 점은 우리의 현실을 그대로 반영하고 있는 셈이다. 현 사회에 팽배한 소득격차니 상대적 박탈감이니 하는 문제가 주요 원인이라 하겠다. 거기다 일제 침략기에서부터 6.25전쟁까지 역경을 치른 부모 세대의 물질적 정신적 핍진성은 휴전 이후의 자녀 1세대에게까지 영향을 미친다는 점도 간과할 수는 없다. 특히 6,70년대 유년기를 보낸 이들이라면 가난이라는 실질적 환경으로부터 자유로울 수 없다. 설령 경제적 궁핍까지는 아니다 하더라도 부모로부터 듣고 보게 되는 가난에 얽힌 일들은 이들 세대의 정서에 영향을 주었기 때문이다. 강시현의 시들 또한 그로부터 촉발된 밥에 대한 정서는 냉엄하고도 엄격하게 시공간을 지배해 오고 있음을 보여준다.

인생에 대단한 것이 기다리고 있을 줄 알았지만
밥그릇 하나를 넘지 못하지요

꽃, 피고지고
시간이 눈송이마다 아롱아롱 얼어붙었지요

낮달은 밝은 바람에 밀려 흔들리고
밤별이야 어둑한 천정에 박혀
남겨진 바람소리 밥그릇 속에 모아 눈여겨 듣고 있지요

살고 또 살아도 살아있음의 위대한 증거

꽁꽁 언 낱알들이 겨울 속에서 꿈틀대고 있지요

—「밥그릇·1」 전문

강시현의 의식에 인생이란 대단한 것이 아니라 결국엔 한 끼의 밥그릇을 채우는 일의 연속이라는 것이다. 이때의 밥그릇은 생리적인 현상을 우선하는 것으로 이 행위가 충족되지 않거나 보장되지 않고서는 그 다음 단계로 나아갈 수 없다는 체험적 인식에 의한 셈이다. "꽃, 피고지고" "낮달은 밝은 바람에 밀려 흔들리"는 지극히 순리적인 자연의 시간들에 반하여 시인의 의식 속에 자리한 삶의 시간들은 대조적이다. "꽁꽁 언 낱알들이 겨울 속에서 꿈틀대고 있지요"라는 어구에서 알 수 있듯 밥이란 혹독한 투쟁과도 같은 것이라는 점이다. 게다가 온후하거나 생장적이지 않는 "눈송이" "얼어붙었"다는 등 냉혹하고 부동적인 시간으로 그려진다.

이렇듯 밥에 대한 비판적 인식은 "팔이 바람에 날리고 다리가 풀어지게/굶어보지 않은 자가/배고픔의 그림자를/낱말의 유배지 밖에서 어떻게 찾아낼 것인가"(「노동」)라는 구체적 체험에서 촉발된 것으로 보인다. 극심한 궁핍을 겪어보지 않고서는 가난이란 의미조차 알지 못한다는 것이다. 뿐만 아니라 강시현의 산다는 일은 일평생 밥그릇 논리에서 벗어나지 못하는 일이다. 능동적으로 해결할 수 있는 문제가 아니라 타의에 의한 강제된 것으로 인식하고 있다는 점을 시사한다. 즉, 자본을 최고의 선으로 삼는 사회구조의 문제이지 개인의 문제가 아니라는 점을 함의하고 있다. 그렇기에 생의 유동성이란 고작 "밥그릇 속에 갇힌 유형流刑의 세월"(「밥그릇·2」)이며 "죽을 때까지 닫힌 시간을 펴올려야 하는 고단한 펌핑"(「밥그릇·2」)이라고 자조하듯 꼬집는다. 그는 그것을 '닫힌 시간'이라고 말하고 있다.

그렇다면 강시현의 궁핍의식은 현실 그 자체로 고체화되어 있다는 말이 되는 것일까. 그의 시가 읽히는 이유가 바로 이 지점이 되겠지만 그렇지 않다. 그 절대궁핍은 절대 존엄의식을 고취하게 되는 자아의 확장 기제가 되었다. 즉 강시현이 바라보는 밥그릇에 관한 닫힌 시간의 냉엄성은 자본의 논리로 움직이는 사회구조의 문제임을 자각한 그 위에 바탕한 것으로 인간으로서 최소한의 자존이나 존엄을 지키기 위한 자기검열 내지 자기의지로서의 인식이라 할 수 있다.

> 두려움을 꺾고 남은 것을 모두 걸었을 때
> 다른 하늘이 열리고
> 처음 보는 새가 날았다
>
> 처참히 무너질 것을 알면서도
> 전부를 걸고 싸우겠다는 결단이 있었을 때

몸서리치는 외로움이
전신과 일생을 훑고 밤을 관통해 지나갔다

늘 관찰되고 있었지만
스스로의 위엄을 버리지 않았고
뒤를 돌아보지 않겠다는 각오가
핏발선 눈에 붉게 물들어 있었다

자존自尊은 버려지지 않았고
세상의 웃음을 밀치고 지켜졌다
나를 팔지 않았음을 시대의 뼈에 새겨놓았다

나를 버렸을 때 진정한 내가 되었다

—「존엄한 밥그릇」 전문

자본의 논리 혹은 이 시대의 부당한 절대적 권력에 종속되어 살아가는 노예근로자로 전락하지 않겠다는 의지가 결연하다. 강시현은 "두려움을 꺾고 남은 것을 모두 걸었을 때" "전부를 걸고 싸우겠다는 결단이 있었을 때" "뒤를 돌아보지 않겠다는 각오가" 있었을 때 비로소 "다른 하늘"을 보게 된다는 것을 알고 있다. 그렇지 않으면 일평생 자본 사회로부터 소외될 수밖에 없다는 것으로 어떻게 살 것인가를 선택한 후 결연하게 맞서게 되었다는 점이다. 현재 세계 인구의 3%

가량인 2억 3천만 명 정도가 매해 개발도상국을 떠나 부유한 땅으로 이동하고 있다. 경위야 모두 밥으로 귀결되지만 그 내면엔 내전 등 전쟁과 약탈로 인한 갖은 억압들이 자리하고 있다. 우리 사회의 고질화된 소득격차 문제도 위의 난민들의 입장과 별반 다르지 않다. 왜냐하면 현대사회에서 궁핍성이란 절대적 가난뿐 아니라 상대적 박탈감도 같은 결핍으로 보아야하는 이유다. 궁핍은 상대적인 것이든 절대적인 것이든 사람의 의식의 문제이기 때문이다.

강시현은 밥으로 상징되는 밥그릇의 위압과 강제로부터 소외당하지 않았다. "자존自尊은 버려지지 않았고/세상의 웃음을 밀치고 지켜졌다/나를 팔지 않았음을 시대의 뼈에 새겨놓았다"고 말한다. '닫힌 시간'으로부터 완전히 벗어난 것은 아니나 "나를 버렸을 때 진정한 내가 되었다"는 선언을 통해 최소한 이 시대적 부조리로부터 '존엄한 밥'의 의미와 함께 자아의 존엄성을 지킬 수 있게 되었고 앞으로도 그러한 삶을 살아낼 것이라는 의지를 표출한다.

2

또한 강시현의 시들은 반도시적이며 현 사회에 대하여 다분히 풍자적이다. 유년기의 체험이었을 밥으로부터 촉발된 강시현의 자존의식으로는 이 사회가 긍정적으로 인식될 리

만무한 일이다. 경제, 문화 등 모든 것이 시장경제 사회로 통합되어 무분별한 경쟁만을 최우선으로 하는 사회, 시민을 경제력으로부터 소외시키고 노동으로부터 소외시키고 문화로부터 소외시키는 사회는 그에게 유년기의 궁핍을 재생하는 것만큼이나 분노할 일인 것으로 보인다. 여기서 반도시적이란 그에게 있어 도시에 비해 덜 혼탁하고 좀 더 정서적인 공간으로 상정한 시골, 그 반대급부로서 인식은 아니다. 현대사회로 대변되는 공간적 개념이 도시인 때문이다.

이 반도시적 정서는 강시현 시의 전반에 걸쳐 녹아있으며 이는 곧 그의 시의식을 대변하는 오브제라 해도 무방하겠다. 이런 시대일수록 자신 삶의 정신을 곧추세워 정의롭지 못하고 인정 없는 이 시대에 함몰되지 않겠다는 강한 의지로 발로되는 이유이다.

각진 마음을 빼다 박은 네모난 보도블럭을 밟으면
봄마다 뿌려진 과대망상증 파종 굉음과
가을마다 추수해야 할 재산 증식의 기쁨,
목적지향적 발걸음들 어디에나 익명으로 나부끼고 있다

대구고등법원이 대형전광판 맥주잔 거품 속으로 일렁이고
다급한 네온사인의 꼬드김에 펄떡거리던 범어네거리
수로水路를 잃은 물고기가 되어 빨려 들어가는 행렬들,

곧 잊혀질 뉴스 속으로 달린다

범어네거리에선 인간적 괴로움이 없다
바코드에 찍히는 건 상품과 가격만이 아니다
과속방지용 카메라는 환히 웃는 얼굴만 겨냥하지는 않는다
한때는 짐승들의 안온한 터전이었을 이곳을
박제된 아스팔트도 진작부터 알고 있었을 것이다

—「범어네거리」 부분

도시는 '각진 마음'이고 '과대망상증'의 '굉음'이며 '목적 지향적'일뿐 아니라 '익명'으로 정체성 없는 혼종, 혼탁 그 자체이다. "한때는 짐승들의 안온한 터전이었을 이곳을" 물고기들이 다녔을 수로를 이제, 사람들이 빨려 들어갔다 뿜어져 나오기를 반복한다. 온갖 상혼이 아가미처럼 펄떡거리고 도무지 "인간적 괴로움이 없"으며 사람도 바코드 박힌 상품 같은 존재에 불과하다. "과속방지용 카메라"가 수시로 찍어대는 감시의 공간이 바로 범어네거리인 것이다.

강시현의 혼탁, 혼종의 반도시적 정서는 사회 전체로 확장된다. 국민을 감시와 처벌의 대상으로 삼고 있는 어떤 정부가 그의 의식에 의해 적나라하게 가시화되기도 한다. "온종일 변화시킨 얼굴 근육과 체형/걸음걸이가 포착되고/국가기밀문서로 분류될 것이"며 "폐쇄회로텔레비전이 눈깔을 뒤집

고/인간을 사냥하고 있"는 곳이 어떤 공화국이라는 것이다. 심지어 "생각까지도 포획되어 해체를 기다리고 있다"고 하며 "육체는 해부되고 영혼은 분열되어/ 오일장 갈치로 토막이 나고 끝내는/ 공화국의 냄비에 양념되어 요리될 것이"(「어떤 공화국」)라고 강변한다. 지독한 불신이며 적나라한 고발이다.

이런 비참한 현실은 시장경제사회와 정부가 불가분의 관계를 형성하고 있기 때문이다. 현 시장경제 사회 즉 신자유주의는 개인의 사적 경제활동을 인정하며 정부의 시장 개입을 줄이는 작은 정부 그리고 시장의 자율성을 극대화하는 큰 시장 지향이라는 고전적 자유주의 정신에다 한 가지를 더하여 사회정의를 부정하는 것이다. 단연코 작금의 사회가 정의롭지 못한 것은 개인적 윤리정신의 결여라기보다 공동선이 해체된 사회구조적 문제이다. 기업의 선은 이윤추구이다. 영리활동에 앞서 윤리를 강조하게 되다보면 경쟁력은 약화될 것이며 이는 곧 총체적 생산성 저하로 연결되고 이는 다시 기업의 영리와 직결된다. 거기에 정부는 시장을 간섭하지 않으며 다국적기업과 대기업의 이권과 결탁되어 있다. 국민을 우선 보호 대상으로 삼는 것이 아니라 기업의 이윤을 감소시키는 행위 그래서 국가 간 경쟁력에 위해를 가하는 행위를 감시하고 처벌하기 위한 일을 주 정치로 삼는다. 그 시스템에서 밀려나지 않기 위하여 기업이나 개인이나 너나

없이 수단과 방법을 가리지 않고 경쟁에서 이기고 보자는 인식이 오늘날 우리 사회가 혼탁하게 된 이유이다.

애매함은

애국과
매국의

두 갈래 길에서
생기는 것이었구나

공짜라면 양잿물도 벌컥인다는데
매국은 얻는 게 많아서
부모형제도 팔고
친구도 팔고
이웃도 팔고
나라도 팔아
혼魂이 없는 거상巨商이 되는 것이었구나

—「애매함」 전문

신자유주의의 최대의 함정은 바로 '개인의 노력 여하에 따라 부자가 될 수 있다는 헛된 희망을 갖도록 유혹'한다는 데 있다. 위법적이지 않는 선에서 수단과 방법을 가리지 않는 개인의 이기적 경제활동을 인정한다는 점, 그래서 실패하는 이는 사회구조적 문제가 아니라 개인의 능력 문제라고 자학하게 만든다는 점이다. 그리하여 윤리와 경쟁 사이를 '애매'하게 환치한 애국과 매국 사이에서 결국 얻는 게 많은 매국의 노선을 택하게 만든다. 이는 "부모형제도 팔고/친구도 팔고/이웃도 팔고/나라도 팔아" "혼魂이 없는 거상巨商이 되는 것이"(「애매曖昧함」)라 할지라도 될 수만 있다면 무엇이든 하게 만든다는 것이다. 강시현의 이러한 시는 동음이의어 활용을 통한 시인의 시의식을 형상화하는데 유효적절하다 하겠다. "낱말을 입술에 심었더니/비겁한 변명이 되었습니다(「때때로 구별이 안돼요」)도 같은 맥락의 시라 할 수 있겠다.

이렇듯 사람들은 신자유주의에 스스로 유혹당하여 "그대가 머무는 곳은 어디/카펫 깔린 사무실, 떠나려는 대합실, 정거장, 간이역/매음굴 치마 속, 아니면 철창의 너른 바다 거기가 거기"인 곳에서 분간도 없이 가치관도 없이 허영에 들떠 살아가고 있다. 그런 세태를 강시현은 "누구도 알아볼 수 없도록/짙은 분장粉粧을 도와 드립니다"라며 조롱한다. "우리는 가끔씩 죽어서야/허영의 도움으로부터 탈주"(「허영을 도와 드립니다」)할 수 있다는 풍자인 셈이다.

3.

강시현 시에 있어 지금 여기의 존재성의 가치 유무를 판단

하는데 없어서는 안 되는 것이 바로 '시간'이다. 이 시간이라는 인식의 틀이 밥으로 상징되는 현실과 상실 또는 부재라는 죽음의 공간을 어떻게 지배하고 있는가, 하는 점을 보여주는 것이라 하겠다. 우주적 시간이거나 역사적 시간은 아니지만 강시현의 시간은 하이데거 식의 지금, 여기의 시간 즉 , 실존의 절대적 근거로서의 시간이다. 통속적 시간개념이라 해야 더 적절하겠다. 즉 통속적 시간이란 시계 속에 있는 시간으로 '지금'이라고 하는 현시성을 띈다. 그러니까, 시계 속 시와 분을 가리키는 침들의 분주한 움직임이 '지금'을 교차하여 지금의 과거를 만들고 지금의 미래를 만들어 가면서 현재의 나를 중심으로 한 의식을 기록하게 한다는 것이다. 이 시간의식은 글의 서두에 인용했던 것처럼 '지금'을 기점으로 과거와 미래 사이에 '단절된 시간'이며 곧 죽음의 시간이 된다. 이 죽음의 시간을 강시현이 임의로 구획하고 있는 것은 아니다. 마치 이 사회의 부조리함을 개인의 의식만으로 개선할 수 없는 것처럼 일반인의 삶은 시간을 창출할 수 있는 자격이 되지 못하며 시계 속의 시간을 활용하며 사는 수준이라는 것을 자각하는 것일 뿐이다. 그러니까 강시현의 시간의식 또한 사회구조적 문제에서 야기된 것이라 해도 무방하겠다.

과장이나 허영이 아니면 껴안을 수 없다던 조악한 시간들

바로 지금 이 순간
하나의 생이 막다른 골목에 갇히고
밀봉된 곳에 연탄을 피우고 알코올에 젖어 멀겋다
그러나 바로 이 순간 그렇게 죽어가는 자의
장기臟器를 애타게 기다리는 여자가 허옇게 누워있다
느티나무도 지쳐버린 초록의 장마 속에서
사람들은 별꽃 같은 사랑을 맹세하고
결혼을 하고 꺾은 꽃을 던지고
가져온 하룻밤을 서로에게 허락한다
그러나 또 바로 이 순간
노안老眼의 활자 위를 어둠이 걷고
욕망의 검은 바다로 내달리던 다리의 인대마저 끊어져
지친 심장은 살아있음을 두려워하고 있다
이 순간도 염량炎凉의 시대
무수한 약속의 사금파리들이 공장 굴뚝 연기보다 많이 피어
오르고
또다시 못 견디게 원願할 이 더위의 검은 잔해 속에서
실패한 쿠데타를 지원하던 구화폐의 통증과 흡사한
지불보증불능의 탑들이 둥지로 세워지고
나체의 추운 상처들이 줄지어 화장터 프리즘을 통과한다
—「이 순간」 전문

강시현에게 있어 시간의식은 곧 죽음의식이라 해도 과언

이 아니다. 이때 죽음의식은 소생 가능성이 없는 것, 절체절명의 극한의 상태, 소멸 등을 말하는 것은 아니며 '어둠' '두려움' '음모' '억울함' '불결함' '허무' 등으로 환치되는 죽음의식이라 할 수 있다. 그러므로 강시현에게 시간이란 비루하고 불결한 것이며, 싸구려이고 조악한 것으로 '지금'을 기점으로 성함과 쇠함의 반복 속에 놓이게 되는 '염량시대'이다.

그러니까 강시현은 "하나의 생이 막다른 골목에 갇"히는 그 순간 그렇게 죽어가는 이의 "장기臟器를 애타게 기다리는 여자가 허옇게 누워있다" 새 생을 얻는 것, 그것을 시간이라고 한다. 이때, 한쪽 "사람들은 별꽃 같은 사랑을 맹세하"는 등 한때의 생은 잠시 성함의 시대를 맞이한듯하지만 오래지 않아 "지친 심장은 살아있음을 두려워 하"게 되는 쇠함의 시대로 접어들기를 반복한다는 것이다. 그러므로 시간은 기껏 '구화폐'이거나 '지불보증불능' 같은 수준의 것이며 죽음의 표상인 '화장터' 같은 것이다.

그대의 시간을 보여 주시겠습니까
가졌었지만 누리지 못했던 것들과
누리고 싶었지만 빼앗겼던 순간의 정지된 화면을
억울한 울음처럼 뱉으면서 싸구려 시간 앞에서
싸구려 인생을 돌려주긴 싫었다는 걸 한 번만 보여 주시겠습니까
아리따운 머리를 바쳐야 신神의 노여움을 누그러뜨릴 수 있

다 믿었던 광기의 시간과
믿음 따위나 순정보다 값진 우리들의 공통된 음모陰謀가 그려진 화폐의 시간과
우리는 각기 다른 시계를 지니고 어디서 시원하게 한번
모월 모일 모시 정각에 만나 회포라도 풀 수 있을까요
내가 고장 낸 시계와 잃어버린 시계에 내 고귀한 시간들이 한데 묶여
저 어둑한 우주 속으로 풍장이나 되었다 풀려날 수 있을까요

과거와 현재와의 속삭임이 차려진 둥근 식탁에서
불투명한 그대와의 약속이나
불안한 미래나
불결한 시간, 그 혼숙混宿의 이불에 덮여
과연 울먹일 사연이나 남아 있을까요, 째깍, 째깍,

풀리지 않는 두 팔로 우주의 구획이나 나누고 있습니다
—「시간과 시계」 부분

위 시에서도 알 수 있듯이 시간은 "한데 묶여"있는 것이고 "풀려날 수 있을까" 의문스러운 것이며 "이불에 덮여" 있는 것이다. '닫힌 시간'인 셈이다. 도대체 그의 무엇이 지금 여기의 시간을 닫혀있는 것, 부정적인 것, 죽어 있는 시간으로 인식하게 한 것일까. 정작 '여기'는 꽃이 피었다 지는 곳이고

많은 생명들이 태어나서 자라고 또 그들이 사랑을 하고 한 계절, 수십 계절을 보내고 맞이하며 살아가는 곳이다. '여기'야말로 팔팔한 시간이 끊임없이 움직이며 살아있는 곳이다. 그럼에도 불구하고 왜 닫힌 시간이며 죽은 시간인가. 그렇다. "산 것들에게 주어진/절대의 인내를 부르는 계절이 차"기 때문이며 "시간은 가장 가혹한 방식으로 흐르고/목숨은 가장 비릿한 방식으로 지켜지는 것"(「세월이 흐르는 방식」)이기 때문이다. 시간이 모두에게 동일하게 적용되는 것도 아니다. "가졌었지만 누리지 못했던 것들과/누리고 싶었지만 빼앗겼던 순간의 정지된 화면" 등 "우리는 각기 다른 시계를 지니고" 있다. 심지어 '내' 시간조차 "내가 고장 낸 시계와 잃어버린 시계에 내 고귀한 시간들"로 나뉜다.

닫힌 시간은 강시현에게 이렇게 적용되기도 한다. "일당 만구천 원 실업대책 공공근로와/두 아들과 젊은 아내의 불안한 삼차방정식이 구두끈을 조이면/퇴로가 막힌 장기판 초패왕처럼/한여름 더딘 하루가 해법을 잃은 채로/거친 밥상에서 방황하지 않느냐"(「질기고도 긴 하루」)는 것이다. 또한 "늘 뒤뚱거리던 시간의 바퀴!/구르고 굴러서 왔다 지금 서있는 여기까지"였으며 "시간의 냉기 가득한 험한 골짜기 눈알을 굴리며/비열하게 서성거리며 버텨온 낙인烙印,"(「그게 바로 나였어」)이라고 인식하는 시간들이기 때문이다.

시간은 문명으로 대변되는 외물이기도 하지만 인간의 심리와 의식의 현상으로 현현해서 자아를 각성하고 발견하게 하는 의식의 기제이기도 하다. 권력과 지배만 횡행하는 사회, 갑이 되어야 비로소 큰소리칠 수 있는 사회, 윤리적이지 않더라도 경쟁력 있으면 능력자로 거듭나는 사회 속에서 구조적 문제점을 인식한 이에게는 결단코 공정하며 일반적인 시간이 될 수 없다는 점을 각성하게 되었으리라는 점이다.

4.

그러므로 강시현에게 있어 닫힌 시간이란 각성하고 거듭나게 하는 재생의식공간이라 할 수 있다. 앞으로도 폭압적이고 비윤리적일, 그래서 희망이 보이지 않는 시장경제사회에 굴복당하지 않고 사는 일, 개인의 존엄성을 지킬 수 있는 삶을 살아가겠노라는 의지로서 상정한 값이라 해도 무방하다. 그리하여 "세상의 허방다리에 빠지고 빠져도 여기까지 애닯게 걸어왔으니/이제 팔폭 병풍 뒤 서늘한 곳에 누워 껄껄껄 세상웃음 소리나 들어보아요"(「판타지 없는 세월의 주름」) 할 수 있을 만큼의 여유로 생을 바라볼 수 있게 되었다. 언젠가는 끝나게 될 지금의 닫힌 시간을 뒤로 하고 병풍 뒤에 누워 껄껄껄 세상 웃음 들어보겠다는 것이다.

"시간의 보답을 받을 것인가/시간의 복수를 당할 것인가/

너의 지혜만큼 골라 잡아라/이것이 시간의 전부다"는 것을 일찍이 각성한 강시현에게 있어 삶이란 "세월에 맞는 향기를 지니지 못하면/시간의 악취를 풍기는 구정물이"(「무딘 물음 그리고 날 선 대답」) 흐르는 것이라는 답을 얻는다. 뿐만 아니라 "그저 광대무변의 저 허무 속을 알뜰히 걸어가는 것이지요"(「빈 문자文字」)나 "나를 버렸을 때 진정한 내가 되었다"(「존엄한 밥그릇」)고 한다. 언제부턴가 차츰 "지상地上을 잊은 깊고 먼 뿌리에게 소주잔 권하며/나는 세상의 바람 속으로 보온 메리야쓰를 감고 들어간다만"(「겨울 홰나무」)이라는 세상에로의 행보를 보이고 있다. 그의 나이 마흔여덟을 넘기자 가능해졌다는 것이다. 시가 그를 구원한 셈이다. 앞으로 그의 삶과 시의 행보에 솟을 대문이 활짝 열리기를 기대한다.

시객詩客 김수영이 병풍 뒤에 누워 문상객들을 만나고
시계바늘만큼 식은 술잔이 돌고

나는 세상의 팔폭 병풍 앞에서 얼마든지 쓸쓸했으며
가슴 한가운데 바람이 만든 구멍이 시커멓게 나 있었다

노을이 없는 미지의 대륙, 그 땅끝 저물녘을 향해
하얗게 창이 열리는 소리

—「마흔 여덟」 전문.